Desvio e divergência

Coleção
ANTROPOLOGIA SOCIAL
fundada por Gilberto Velho
dirigida por Karina Kuschnir

- O Riso e o Risível
  Verena Alberti

- Falando da Sociedade
- Outsiders
- Segredos e Truques da Pesquisa
- Truques da Escrita
  Howard S. Becker

- Antropologia Cultural
  Franz Boas

- O Espírito Militar
- Os Militares e a República
  Celso Castro

- Bruxaria, Oráculos e Magia entre os Azande
  E.E. Evans-Pritchard

- Futuros Antropológicos
  Michael M.J. Fischer

- Nova Luz sobre a Antropologia
  Clifford Geertz

- O Cotidiano da Política
  Karina Kuschnir

- Cultura: um Conceito Antropológico
  Roque de Barros Laraia

- Guerra de Orixá
  Yvonne Maggie

- Evolucionismo Cultural
  L.H. Morgan, E.B. Tylor, J.G. Frazer

- A Invenção de Copacabana
- De Olho na Rua
  Julia O'Donnell

- A Teoria Vivida
  Mariza Peirano

- Cultura e Razão Prática
- História e Cultura
- Ilhas de História
- Metáforas Históricas e Realidades Míticas
  Marshall Sahlins

- Antropologia Urbana
- Um Antropólogo na Cidade
- Desvio e Divergência
- Individualismo e Cultura
- Projeto e Metamorfose
- Rio de Janeiro: Cultura, Política e Conflito
- Subjetividade e Sociedade
- A Utopia Urbana
  Gilberto Velho

- Pesquisas Urbanas
  Gilberto Velho e Karina Kuschnir

- O Mistério do Samba
- O Mundo Funk Carioca
  Hermano Vianna

- Sociedade de Esquina
  William Foote Whyte

Gilberto Velho

Desvio e divergência

uma crítica da patologia social

4ª reimpressão

ZAHAR

Jorge Zahar Editor Ltda.
rua Marquês de S. Vicente 99 – 1º andar | 22451-041 Rio de Janeiro, RJ
tel (21) 2529-4750 | fax (21) 2529-4787
editora@zahar.com.br | www.zahar.com.br

1ª edição: 1974 (Zahar Editores)
2ª edição: 1985
Novo projeto gráfico: 2012
4ª reimpressão da 2ª edição: 2012

Grafia atualizada respeitando o novo
Acordo Ortográfico da Língua Portuguesa

Capa: adaptada da arte de Ana Cristina Zahar (desenho de Kandinsky)
Composição: Susan Johnson

CIP-Brasil. Catalogação na fonte
Sindicato Nacional dos Editores de Livros, RJ

Velho, Gilberto, 1943-
D491 Desvio e divergência: uma crítica da patologia social / Gilberto Velho,
2.ed. organizador – 2.ed. – Rio de Janeiro: Zahar, 1985.
(Antropologia social)

Inclui bibliografia
ISBN 978-85-7110-488-4

1. Comportamento de desvios. 2. Psicologia social. 3. Antropologia social.
I. Velho, Gilberto. II. Série.

CDD: 302.5
85-2830 CDU: 316.624

Sumário

Prefácio à Segunda Edição

O ESTUDO DO COMPORTAMENTO DESVIANTE tem se constituído em um dos campos mais férteis da Antropologia no Brasil.

As sucessivas edições deste livro são exemplos que comprovam essa tendência. Inúmeras dissertações de mestrado, teses de doutoramento, trabalhos dos mais diferentes tipos têm sido produzidos a partir da problemática de *Desvio e divergência*. Por outro lado, este livro tem sido usado em vários níveis de ensino como um instrumento útil para a compreensão de processos sociais. Creio que este é o ponto fundamental. A teoria do desvio, pelo menos como é usada aqui e em outros trabalhos, por definição não retifica o comportamento desviante mas o relativiza, contextualizando-o.

Sendo assim, é uma maneira privilegiada de pensar uma Teoria da Cultura e da Sociedade. Ficou demonstrado que, longe de ser uma moda passageira, cada vez mais comprova sua utilidade e eficácia na investigação antropológica e sociológica.

A originalidade da produção brasileira parece-me que se explica, basicamente, pela junção de uma teoria interacionista, mais característica de uma tradição sociológica que vem de Simmel a Becker e Goffman, com uma teoria antropológica da cultura, em que autores como Mauss, Bateson, Geertz, Sahlins, Dumont são alguns dos expoentes. Em outros termos, as pesquisas, mesmo quando dirigidas a objetos aparentemente muito particulares e específicos, mantêm-se voltadas para os processos sociais mais amplos. Talvez nem sempre isto se dê de forma explícita, mas as hipóteses e reflexões que articulam esses trabalhos vinculam-se a uma permanente discussão sobre continuidade e mudança sociais, sobre homogeneidade e heterogeneidade, sobre determinismo e liberdade.

Creio que é esta uma das explicações para a permanente procura e interesse por *Desvio e divergência*, trabalho de equipe que tive o privilégio de coordenar nos longínquos anos de 1973/74.

GILBERTO VELHO
Rio, julho de 1985

Introdução

ESTE LIVRO É O RESULTADO do trabalho de um grupo e como tal deve ser encarado. Como professor do Programa de Pós-Graduação em Antropologia Social do Museu Nacional da UFRJ, ministrei no segundo semestre de 1972 um curso sobre *comportamento desviante*. Com exceção dos meus artigos, os outros, aqui apresentados, são trabalhos finais de alunos. Foram baseados em pesquisas levadas a cabo sob minha orientação. Além disso, houve oportunidade de troca de ideias entre os próprios alunos no decorrer do curso. Assim não só houve uma discussão da bibliografia e da teoria empregadas, mas uma avaliação e troca de impressões a respeito do próprio trabalho de campo, técnicas de abordagem, dificuldades de relacionamento etc. Nem todos os trabalhos de fim de curso estão incluídos nesta seleção, mas isto não diminui o valor dos excluídos. Quase todos os artigos sofreram alguns reparos e críticas, apresentando, portanto, algumas modificações na sua forma original. Alguns necessitariam alterações mais profundas, fazendo com que sua possível publicação seja adiada.

A unidade dos trabalhos reside, basicamente, numa perspectiva crítica diante de uma *patologia social*, procurando um certo distanciamento de uma abordagem tradicional do comportamento desviante. O primeiro artigo, de minha autoria, é posterior aos outros trabalhos e tem como objetivo estabelecer as linhas gerais da discussão. Isto não significa que o roteiro teórico de todo o livro esteja nele contido, pois nos outros artigos há variações de ênfase e preocupações diversificadas. Mas trata-se de um artigo eminentemente teórico, enquanto os outros trabalhos se referem a situações concretas de pesquisa. O artigo de Maria Julia Goldwasser é uma análise de *instituição total* na linha de Goffman, enriquecido por contribuições antropológicas da autora, que emprega também a perspectiva interacionista de Becker. Os trabalhos de Dorith Schneider e Simoni Guedes tratam de *crianças excepcionais* e da relação entre *umbanda* e *loucura*, respectivamente. Ambos os trabalhos estudam sistemas de classificação relacionados à área psicológico-intelectual em diferentes contextos socioculturais. O artigo de Zilda Kacelnik estuda o problema de desvio dentro de uma minoria étnico-cultural, examinando o caráter ambíguo, especialmente marcado, desta situação e verificando o problema de identidade e de delimitação de fronteiras de grupos. Os dois últimos artigos tratam da problemática de acusações de desvio. O meu, já publicado em *América Latina* (Ano 14, n.1/2, jan-jun de 1971) e incluído aqui graças à gentileza do Professor Manuel Diégues Júnior, diretor do Centro Latino-Americano de Pesquisas em Ciências Sociais, é parte dos resultados de minhas pesquisas realizadas no bairro de Copacabana. O trabalho de Filipina Chinelli faz um estudo de caso de uma acusação de homossexualismo dentro da minoria calabresa de Niterói, remetendo, portanto, não só ao problema da lógica das acusações como ao de identidade.

Os trabalhos aqui apresentados são, quase todos, na sua origem, de caráter escolar, e isto se reflete na forma e na linguagem dos mesmos. Parece-me que isto não diminui a atração que possam ter para o público interessado. O estudo do comportamento desviante, por parte da Antropologia Social, é assunto novo no Brasil e acredito que algumas ideias estimulantes estejam contidas neste volume. Gostaria de expressar, em meu nome e no dos outros colaboradores, que as eventuais referências a instituições existentes nos artigos sejam compreendidas como parte de uma missão de que a Ciência Social não deve abdicar seu caráter crítico, sob pena de condenar-se à esterilidade. Pretendemos que sejam avaliações construtivas e que, em última análise, possam ser úteis para as pessoas que lidam, diariamente, com estes problemas. O antropólogo não entra neste terreno como dono da verdade mas consciente de que o que tem a dizer poderá ajudar a estabelecer um diálogo com psiquiatras, psicólogos, professores, assistentes sociais, médicos etc. A maioria dos colaboradores deste livro teve apoio em seus estudos e trabalhos ou do Conselho Nacional de Pesquisas ou da Capes, ou da Fundação Ford. No meu caso sempre tenho tido o apoio do Conselho Nacional de Pesquisas e fui aluno pós-graduado na Universidade do Texas em 1971, com bolsa concedida pela Fundação Ford. Foi neste período, nos Estados Unidos, que me decidi a aprofundar a linha de pesquisa apresentada neste livro, em grande parte influenciado pelo curso, a que assisti, do dr. Ira Buchler no Departamento de Antropologia da Universidade do Texas. A este professor devo muito em termos de uma preocupação de ser antropólogo dentro da própria sociedade do observador. Esta perspectiva, que ainda choca espíritos mais conservadores, já está dando frutos no Brasil. Espero que este livro comprove isto.

Finalmente, quero ressaltar que a linha de trabalho aqui apresentada é apenas uma entre as várias que se desenvolvem no Programa de Pós-Graduação em Antropologia Social do Museu Nacional. Quero agradecer aqui, especialmente, ao dr. Roberto da Matta, coordenador do Programa e chefe do Departamento de Antropologia, e ao dr. Dalcy de Oliveira Albuquerque, diretor do Museu Nacional. O ambiente dentro do Departamento de Antropologia e do próprio Museu Nacional é, em grande parte, responsável pela tranquilidade com que podemos realizar nossos trabalhos. Meus agradecimentos ao apoio e à boa receptividade dos demais colegas e alunos do Programa e do Departamento.

GILBERTO VELHO
Fevereiro de 1974

1. O ESTUDO DO COMPORTAMENTO DESVIANTE: A CONTRIBUIÇÃO DA ANTROPOLOGIA SOCIAL

Gilberto Velho

I.

O problema de desviantes é, no nível do senso comum, remetido a uma perspectiva de patologia. Os órgãos de comunicação de massa encarregam-se de divulgar e enfatizar esta perspectiva quer em termos estritamente psicologizantes, quer em termos de uma visão que pretende ser "culturalista" ou "sociológica". A formulação deste tipo de orientação é feita a partir de trabalhos, muitas vezes de orientação acadêmica, que não são capazes de superar a camisa de força de preconceitos e intolerância. É meu objetivo, neste artigo, relativizar esta abordagem e lançar proposições que possam permitir um conhecimento menos comprometido do fenômeno em pauta.

II.

Tradicionalmente, o indivíduo desviante tem sido encarado a partir de uma perspectiva médica preocupada em distinguir o "são" do "não são" ou do "insano". Assim, certas pessoas apresentariam características de comportamento "anormais", sintomas ou expressão de desequilíbrios e doença. Tratar-se-ia, então, de diagnosticar o mal e tratá-lo. Evidentemente existiriam males mais controláveis do que outros, havendo, portanto, desviantes "incuráveis" e outros passíveis de recuperação mais ou menos rápida. Enfim, o mal estaria localizado no *indivíduo*, geralmente definido como fenômeno endógeno ou mesmo hereditário. No terreno da doença mental as obras de Foucault, Szasz, Laing, Esterson, Cooper* etc. têm apontado os mecanismos socioculturais mobilizados na identificação deste tipo de desvio. Não pretendo entrar em discussões internas à psiquiatria mas apenas chamar a atenção de que a importância desses autores reside no fato de terem uma percepção não estática da vida sociocultural, facilitando o diálogo com os antropólogos.

III.

No entanto, desviar o foco do problema para a sociedade ou a cultura não resolve magicamente as dificuldades. É preciso verificar como a vida sociocultural é representada e percebida.

Uma das abordagens mais influentes e significativas do comportamento desviante está na obra de Merton com o conceito de *anomie*. Diz o autor: "A análise funcional concebe a estrutura social como ativa, como produtora de novas motivações que não podem ser preditas sobre a base de conhecimento dos impulsos nativos do homem. Se a estrutura social restringe algumas disposições para agir, cria outras. O enfoque funcional, portanto, abandona a posição mantida por várias teorias

* Ver especialmente: Foucault, Michel, *Histoire de la folie*, Plon, 1961; *Doença mental e psicologia*, Tempo Brasileiro, 1968; *Naissance de la clinique*, Paris, 1972. Laing, Ronald, *The Politics of Experience*, Ballantine Books, 1970; *The Divided Self*, Pellican Books, 1971; com A. Esterson, *Sanity, Madness and the Family*, Pellican Books, 1971. Cooper, David, *Psiquiatria e antipsiquiatria*, Perspectiva, 1973; *The Death of the Family*, Pantheon Books, 1970; com Ronald Laing, *Reason and Violence*, Tavistock, 1964. Szasz, Thomas S., *The Myth of Mental Illness*, Hoeber Harper Book, 1961.

individualistas, de que as diferentes proporções de comportamento divergente, nos diversos grupos e estratos sociais, são o resultado acidental de proporções variáveis de personalidades patológicas encontradas em tais grupos e estratos. Ao invés, tenta determinar como a estrutura social e cultural gera a pressão favorável ao comportamento socialmente desviado, sobre pessoas localizadas em várias situações naquela estrutura" (Merton, 1970, p.191-2).

Temos, então, um importante passo. Merton enfatiza a especificidade do social, na tradição durkheimiana, procurando demonstrar a importância da estrutura social e cultural para o desenvolvimento de um "comportamento socialmente desviado". Resta saber como o autor vê a estrutura social e cultural: "Entre os diversos elementos das estruturas sociais e culturais, dois são de imediata importância. São analiticamente separáveis embora se misturem em situações concretas. O primeiro consiste em objetivos culturalmente definidos, de propósitos e interesses, *mantidos como objetivos legítimos para todos, ou para membros diversamente localizados da sociedade. Os objetivos são mais ou menos integrados – o grau de integração é uma questão de fato empírico* (o grifo é meu) e aproximadamente ordenados em alguma hierarquia de valores. Um segundo elemento da estrutura cultural define, regula e controla os modos aceitáveis de alcançar estes objetivos. Cada grupo social invariavelmente liga seus objetivos culturais a regulamentos, enraizados nos costumes ou nas instituições, de procedimentos permissíveis para a procura de tais objetivos" (Merton, 1970, p.204-5).

Ou seja, como já foi salientado por vários críticos de Merton, há uma óbvia ênfase na *integração* da sociedade. Todas as sociedades apresentam, segundo esta perspectiva, objetivos e meios de realizá-los que são legítimos para todos os seus membros e, ainda mais, mesmo para indivíduos "diversamente localizados".

Mas nem todas as sociedades *funcionam* bem. Podem existir sociedades "mal-integradas". Estas seriam as que apresentariam desequilíbrios entre os objetivos e os meios: "Outrossim, dizer que os objetivos culturais e normas institucionalizados funcionam ao mesmo tempo para modelar práticas em vigor não significa que elas exercem uma relação constante umas sobre as outras. A ênfase cultural, dada a certos objetivos, varia independentemente do grau de ênfase sobre os meios institucionalizados. Pode-se desenvolver uma tensão muito pesada, por vezes virtualmente exclusiva, sobre o valor de objetivos particulares, envolvendo, em comparação, pouca preocupação com os meios institucionalmente recomendados de esforçar-se para a consecução de tais objetivos. O caso-limite deste tipo é alcançado quando a amplitude de procedimentos alternativos é governada apenas pelas normas técnicas em vez das normas institucionais. Neste caso *extremo e hipotético* (o grifo é meu) seriam permitidos todos e quaisquer procedimentos que permitissem atingir esse objetivo tão importante. Isto constitui um tipo de cultura mal-integrada" (Merton, 1970, p.205-6).

Ter-se-ia então uma sociedade "doente", "instável" e "mal-integrada", em situação de *anomie*. Representaria um desvio "extremo e hipotético" de um ritmo e funcionamento "normais". É óbvia a analogia organicista. Saiu-se, portanto, de uma *patologia do indivíduo* para uma *patologia do social.*

IV.

O conceito de *anomie* serviu de ponto de partida para muitos trabalhos que vieram a ter repercussão em toda a área de estudo de comportamento desviante. Embora não fosse encampado integralmente por vários cientistas sociais que dele se valeram, *anomie** passou a ser o foco central das discussões. O próprio Merton reviu seu conceito, acrescentando novas dimensões. Um dos acréscimos fundamentais foi a distinção entre *anomie*, "condição do ambiente social, não de indivíduos particulares", "propriedade de um sistema social, não o estado de espírito deste ou daquele indivíduo dentro do sistema" (Merton, 1967) e *anomia*, referida ao indivíduo. Assim, uma pessoa concreta poderia estar em um processo de *anomia* sem que o sistema social estivesse em *anomie*. Mas, por outro lado, a desorganização de normas e valores vai fazer com que o ambiente social seja favorável ao aparecimento de indivíduos "anômicos". Mais uma vez, confirma-se a observação de que se trata então de verificar as condições patológicas de um sistema social que vão gerar os comportamentos individuais desviantes: "Em resumo, o grau de *anomie* de um sistema social é indicado pelo grau de falta de acordo a respeito das normas que se julgam legítimas, com sua concomitante incerteza e insegurança nas relações sociais" (Merton, 1967). A falta de consenso geraria crise nas expectativas de comportamento, impedindo o funcionamento "normal" da sociedade.

V.

Nem todos os autores que trabalham com o conceito de *anomie* veem, no comportamento desviante, apenas o sintoma de doença na sociedade. Ou seja, o comportamento desviante não é somente algo que ameaça a existência da sociedade, mas pode ser até a sua "redenção". Para o próprio Merton, certos comportamentos des-

* Ver Merton, Robert King, *Sociologia, teoria e estrutura*, Mestre Jou, 1970; Merlon, Robert King e Nisbet, Robert, *Contemporary Social Problems*, Harcourt Brace Jovanovich, 1971; Clinard, Marshall B., *Anomia y conducta desviada*, Paidós, 1967.

viantes de caráter inovador podem trazer as respostas adequadas para a permanência de determinado sistema. É a ideia de que "o desviante de hoje pode ser o herói civilizador de amanhã".

No entanto, não reside aí o problema crucial do esquema mertoniano. O seu caráter "conservador" não se deve ao fato de enfatizar a harmonia e o equilíbrio na vida social. Pode ser até capaz de perceber as funções de conflitos, distúrbios, desequilíbrios etc. A questão concentra-se no fato de esta análise ter como premissa uma *estrutura social* não problematizada. Ou seja, a unidade de análise é um *sistema social* já dado, "funcionando". A harmonia e o equilíbrio, a partir daí, surgem automaticamente. Existe uma fase hipotética, inicial, quando o sistema está "funcionando normalmente". O processo de mudança social pode ocasionar desequilíbrios e conflitos, mas a tendência "natural" será o retorno a um estado de equilíbrio e harmonia. Mesmo que surjam modificações na estrutura social, haverá um momento em que as coisas se encaixarão nos respectivos lugares e os níveis social e cultural voltarão a se ajustar. Uma nova ordem poderá até ter sido instaurada. Logo não se trata de rotular esta abordagem de "imobilista", pois ela é capaz de prever a mudança. A questão é que se esta não é necessariamente catastrófica sempre tem um caráter de *excepcionalidade.* É um tempo "perigoso", "imprevisível", propício a desordens e à *anomie.*

VI.

Na realidade, há uma outra premissa a ser examinada. Consiste em uma oposição entre o sistema social e o indivíduo. Vai-se verificar que o comportamento desviante será, de acordo com este esquema, o "individualizante", por excelência. A ausência ou conflito de normas faria com que as pessoas procurassem estratégias e soluções *individuais*, não sancionadas por uma escala de valores consensual. Durkheim enfatizou a exterioridade do fato social. Disse ele: "O sistema de signos de que me sirvo para exprimir meu pensamento, o sistema monetário que utilizo para saldar minhas dívidas, os instrumentos de crédito que uso nas minhas relações comerciais, as práticas seguidas na minha profissão etc, etc. funcionam independentemente da minha utilização particular. Isto valeria para qualquer membro da sociedade. Assim, as formas de agir, pensar e sentir apresentam esta extraordinária propriedade – existir fora das consciências individuais" (Durkheim, 1956, p.4). Convém lembrar que é a partir do conceito de *disnomia* de Durkheim que se desenvolveu toda a problemática de *anomie*. Desta forma existe uma descontinuidade entre a consciência individual e o fato social que pode até traduzir-se em termos de oposição. O fato social exerce uma "ação coercitiva", havendo, consequentemente, uma *tensão* entre o indivíduo e o social. É claro que a contribuição durkheimiana é inestimável na procura de caracterizar o objeto de estudo da sociologia e na tentativa de esvaziá-la de seus aspectos psicologizantes. Parece-me, no entanto, que esta tradição corre o grave risco de reificar o conceito de *social*. O que de fato acontece é que a partir de uma preocupação lúcida em não confundir fenômenos logicamente distinguíveis, passou-se a fracionar a realidade de forma arbitrária. Não há dúvida de que a distinção dos níveis biológico, psicológico, social e/ou cultural permite a construção de um conhecimento analítico sistematizado, mas parece crucial não ignorar que uma "ação social" tem estes três níveis subjacentes. A preocupação em delimitar o social pode levar ao descuido em relação aos seus vínculos com outros níveis que, na realidade, são apenas distinguíveis em termos de uma lógica formal e não em termos fenomenológicos. Assim, a *estrutura social* ou o *sistema social* passam a ser encarados não como conceitos analíticos mas como *entidades* não só distintas mas mesmo opostas a indivíduos "biológicos" e "psicológicos". Dentro da Antropologia Social inglesa a noção radcliffe-browniana da rede de *status* e papéis independente dos indivíduos biológicos*, que momentaneamente possam estar ocupando essas posições, também reforça esta tradição que, obviamente, tem como modelo uma ciência experimental e como objetivo a procura de leis. É a partir desta perspectiva, que dissocia de forma tão radical a realidade individual da realidade sociocultural, que se vai desenvolver uma das mais influentes e, com certeza, a mais difundida teoria sociológica sobre comportamento desviante. A confusão, "a incerteza e insegurança nas relações sociais", faz com que os indivíduos fiquem "perdidos", "soltos", "desenraizados", tornando-se *anômicos*.

VII.

A própria noção de desviante vem tão carregada de conotações problemáticas que é necessário utilizá-la com muito cuidado. A ideia de desvio, de um modo ou de outro, implica a existência de um comportamento "médio" ou "ideal", que expressaria uma harmonia com as exigências do funcionamento do sistema social. Mesmo quando se encontram posições mais "relativistas", permanece o problema. Em Antropologia, Margaret Mead, Ruth Benedict e seus discípulos enfatizaram a ideia de que cada cultura geraria personalidades características e o que é desviante na sociedade A poderá ser o padrão na sociedade B. Basta lembrar o tão divulgado *Sexo e temperamento***, bastante conhecido através dos órgãos de comunicação de massa. Mais uma vez, não quero negar a

---

* Radcliffe-Brown, A.R., *Structure and Function in Primitive Society*, The Free Press, 1965, especialmente *Introduction* e *On Social Structure*.

** Mead, Margaret, *Sexo e temperamento*, Perspectiva, 1969.

importância da contribuição de um grupo à história da ciência. A possibilidade de relativizar os valores ocidentais correspondeu a um progresso evidente. No entanto, permaneceu a preocupação de delimitar, um tanto rigidamente, comportamentos "normais", embora numa perspectiva menos etnocêntrica. A ideia de que uma sociedade ou cultura estabelece um modelo rígido (em certos casos mesmo único) para os seus membros e que tal fenômeno é essencial para a *continuidade da vida social* permaneceu vigorosa. A pluralidade de comportamentos dentro de uma cultura é vista dentro de limites bem marcados. No caso de Margaret Mead, ela tem a preocupação de mostrar que certas sociedades estabelecem correlação rígida entre o *sexo* e a possibilidade de desenvolver dotes individuais. Nestes casos, o "inadaptado" pode passar para um "desajustamento da pior ordem". Diz ela: "Onde não existe tal dicotomia (*obs.*: sexo/temperamento), um homem pode fitar tristemente seu mundo e achá-lo *essencialmente sem significado* (o grifo é meu), mas mesmo assim casar-se e criar filhos, encontrando talvez um alívio definitivo de sua infelicidade nessa participação total numa forma social reconhecida. Uma mulher pode devanear a vida inteira com um mundo onde haja dignidade e orgulho em vez da medíocre moralidade mercenária que ela encontra à sua volta e, ainda assim, cumprimentar o marido com um sorriso franco e cuidar dos filhos num ataque de crupe. O desadaptado pode transferir seu senso de estranheza à pintura, à música, ou a uma atividade revolucionária e, apesar disto, permanecer essencialmente lúcido em sua vida pessoal, em suas relações com os membros de seu próprio sexo e os do sexo oposto" (Mead, 1973, p.280).

Sem discutir os óbvios julgamentos de valor e preferências pessoais que transparecem no trecho citado, é necessário ressaltar a visão rígida do que seja uma sociedade ou uma cultura. Como explicar o aparecimento desses indivíduos em tais situações, sem cair, novamente, num psicologismo? Os temperamentos podem aparecer em qualquer cultura, logo, sempre existirá a possibilidade de encontrar indivíduos *inadaptados*, na medida em que certas características de personalidade serão mais valorizadas do que outras. O temperamento existiria a despeito da cultura. Não existirá ainda uma contradição? Sendo a cultura ou o sistema social "tão poderosos, tão coercitivos a ponto de determinar os padrões de personalidade, como explicar que certos temperamentos contrariem tão radicalmente tais padrões? Ao mesmo tempo, como é possível imaginar, a não ser em linguagem literária, "um homem fitar tristemente seu mundo e achá-lo essencialmente sem significado?" Isto só parece ser possível na medida em que se mantenha uma forte ruptura entre indivíduo (no caso temperamento) e cultura ou sociedade. Seriam duas forças antagônicas e o "inadaptado" é o sujeito cuja individualidade é tão exacerbada que contraria as normas vigentes. Mais uma vez encontra-se a ideia de indivíduos contidos em um sistema sociocultural que tem uma existência própria, distinguível das biografias de seus membros.

VIII.

Desta forma, é possível perceber como os estudos sobre comportamento desviante oscilam entre um *psicologismo* e um *sociologismo*. A dificuldade consiste numa visão estanque e fracionada do comportamento humano que transforma a realidade individual em algo, em princípio, *independente* da sociedade e da cultura. Assim, uma divisão do trabalho acadêmico acaba levando, de uma forma ou de outra, a uma visão deformada e incompleta da atividade humana. Ou se cria uma individualidade "pura", uma "essência" defrontando-se com o meio ambiente exterior, de outra qualidade, ou então um fato social "puro", também todo-poderoso, que paira sobre as pessoas. O que se confirma é que posições aparentemente divergentes apresentam premissas comuns que vão dirigir todo o encadeamento dos raciocínios posteriores. Basicamente, insisto, a dicotomia Indivíduo × Sociedade e/ou Cultura é que determina esses caminhos. Não se trata de negar a especificidade de fenômenos psicológicos, sociais, biológicos ou culturais, mas sim reafirmar a importância de não perder de vista o seu caráter de inter-relacionamento complexo e permanente. Cumpre lembrar o raciocínio de Lévi-Strauss, que estabelece que a humanização só é possível por meio da cultura e da vida social*. Assim, quando se fala em "homens", ter-se-á sempre a noção do sociocultural. O "Homem" só existe através da vida sociocultural e isolá-lo desta, mesmo em termos puramente analíticos, pode deformar qualquer processo de conhecimento. Clifford Geertz, ao discutir os conceitos de *cultura* e *homem*, observa que "Segundo a perspectiva atual, a evolução do *Homo Sapiens* – o homem moderno – a partir de seu antecedente pré-*sapiens* imediato, tomou impulso definitivamente há cerca de quatro milhões de anos com o aparecimento do famoso *Australopitecíneo* – o chamado homem-macaco do Sul e do Leste africano – e culminou com a emergência do próprio *sapiens* há apenas cem a duzentos mil anos. Assim, pelo menos, formas de atividade cultural ou, se preferir, protocultural (fabricação de ferramentas simples, caça etc.) parecem ter estado presentes entre alguns dos *Australopitecíneos*. Houve, portanto, um período de cerca de um milhão de anos entre o início da cultura e o aparecimento do homem, como hoje o conhecemos. As datas precisas que podem ser alteradas em uma ou outra direção, de acordo com novas pesquisas, não são fundamentais. O que importa é que houve um intervalo e que este intervalo foi bastante demorado. As fases finais (finais até agora, pelo menos) da história filogenética

* Lévi-Strauss, Claude, *Les structures elémentaires de la parenté*. Paris, Mouton, 1967.

do homem se passavam na mesma grande era geológica - a chamada Idade do Gelo - que as fases iniciais de sua história cultural. Homens fazem aniversário mas não o *Homem*.

"Isto significa que a cultura, em vez de ser adicionada a um animal acabado ou virtualmente acabado, foi fundamental para a própria produção desse animal. O crescimento lento, contínuo, quase glacial da cultura através da Idade do Gelo alterou o equilíbrio das pressões seletivas para o *Homo* emergente, de forma a desempenhar um papel diretivo básico na sua evolução. O aperfeiçoamento das ferramentas, a adoção da caça organizada e hábitos de coleta, os inícios de uma verdadeira organização familiar e, mais importante, embora seja muito difícil reconstituir em detalhes, a crescente dependência de sistemas de símbolos significantes (linguagem, arte, mito, ritual) para a orientação, comunicação e autocontrole, tudo isto criou um novo ambiente para o homem, ao qual era, então, obrigado a adaptar-se. Na medida em que a cultura, passo infinitesimal a passo infinitesimal, acumulou-se e desenvolveu-se, uma vantagem seletiva foi dada àqueles indivíduos na população mais capazes de extrair vantagens disso - o caçador eficiente, o coletor persistente, o hábil artesão de ferramentas, o líder imaginoso - até que o que tinha sido um *Australopitecíneo* proto-humano, de cérebro pequeno, tornou-se um *Homo Sapiens* de cérebro grande, plenamente humano. Criou-se um sistema de feedback positivo entre o padrão cultural, o corpo e o cérebro, em que a interação entre a crescente utilização da ferramenta, a anatomia da mão em transformação e a crescente representação do polegar no córtex é apenas um dos exemplos mais claros. Submetendo-se a programas simbolicamente mediatizados para produzir artefatos, organizar a vida social ou expressar emoções, o homem determinou, mesmo sem querer, as fases mais elevadas de seu destino biológico. Literalmente, embora inadvertidamente, *criou-se*."

Com este trecho fica ainda mais clara a necessidade de entender o comportamento humano de forma mais integrada, na medida em que, na sua própria origem, não é possível estabelecer compartimentos estanques em termos de evolução biológica e evolução cultural.

IX.

Com um conceito de *Cultura* menos rígido, pode-se verificar que não é que o "inadaptado" veja o mundo "essencialmente sem significado", mas sim que veja nele um significado *diferente* do que é captado pelos indivíduos "ajustados". O indivíduo, então, não é, necessariamente, em termos psicológicos, um "deslocado" e a cultura não é tão "esmagadora" como possa parecer para certos estudiosos. Assim a leitura diferente de um código sociocultural não indica apenas a existência de "desvios" mas, sobretudo, o caráter multifacetado, dinâmico e, muitas vezes, ambíguo da vida cultural. O pressuposto de um monolitismo de um meio sociocultural leva, inevitavelmente, ao conceito de "inadaptado", de "desviante" etc. A Cultura não é, em nenhum momento, uma entidade acabada, mas sim uma linguagem permanentemente acionada e modificada por pessoas que não só desempenham "papéis" específicos mas que têm experiências existenciais particulares. A *estrutura social*, por sua vez, não é homogênea em si mesma mas deve ser uma forma de representar a ação social de atores *diferentemente* e *desigualmente* situados no processo social. *Estrutura Social tout court*, pouco pode valer se não for utilizada com a preocupação de perceber não só a continuidade da vida social mas a sua permanente e ininterrupta transformação. Os conceitos de "inadaptado" e de "desviante" estão amarrados a uma visão estática e pouco complexa da vida sociocultural. Por isso mesmo devem ser utilizados com cuidado.

É fundamental perceber que *sociedade*, em termos humanos, implica sempre a existência de uma linguagem de signos e símbolos mais elaborada. Esta linguagem não é "fechada" mas "aberta", daí a própria possibilidade de evolução cultural da espécie. Posso aceitar a sugestão de Clifford Geertz de que a "cultura" programe os seus membros*, se for entendido como programar algumas indicações básicas de comportamento e não um determinismo do tipo que a biologia impõe à vida das abelhas ou das formigas, por exemplo. Assim, em qualquer sociedade ou cultura, existe uma permanente margem de manobra ou áreas de significado "aberto", onde possam surgir comportamentos divergentes e contraditórios. Isto não é necessariamente "funcional", pelo contrário, é a permanente possibilidade de destruição de um "estilo de vida", de uma "ordem social", ou de um "equilíbrio cultural". Esta margem pode estreitar-se, ampliar-se muito rapidamente ou permanecer estável por gerações. As "áreas de significado aberto" podem ter sido umas na década de 1920 e serem outras contemporaneamente. O fato é que essas tensões, divergências ou contradições são próprias da natureza da cultura e do caráter altamente individualizado da espécie. A famosa limitada especialização biológica dos homens está indissoluvelmente associada ao fenômeno cultural e este, por definição, é sujeito a leituras ambíguas e divergentes. Não só camponeses comportam-se de forma diferente de burgueses mas "há aristocratas e aristocratas". Ou seja, não só é preciso atentar para as diferentes visões de mundo dos grandes grupos sociais como também é preciso tomar cuidado com a tendência de homogeneizar, arbitrariamente, comportamentos dentro desses grupos. Uma das grandes contribuições que a Antropologia Social pode dar é a perspectiva de procura de generalizações sem entrar em esquemas deterministas ou reducionistas. O *Admirável*

* Geertz, Clifford, *The Interpretation of Cultures. Nova York*, Basic Books, 1973.

Mundo Novo parece um tratado de Sociologia justamente porque a maioria dos cientistas sociais lida com grupos, estratos ou classes como se eles fossem tão uniformes como os alfas, betas etc., de Huxley, quimicamente programados. Alguns dos piores pesadelos de ficção científica são aqueles que descrevem mundos dominados por androides, robôs etc. Certos livros de Ciências Sociais parecem antecipar esses terrores ao falarem esquematicamente, por exemplo, de "classe média", sem problematizar sua composição e as particularidades de subgrupos. Pode parecer que estou pregando contra qualquer tentativa de generalização em Ciências Sociais, mas não é este o caso. Procuro chamar a atenção para um grande hiato existente entre estudos "individuais", "psicologizantes" e grandes teorias sobre a natureza da sociedade, ou seja, o abismo entre a Psicologia, Psiquiatria etc. e as Ciências Sociais como um todo. Quero frisar que não assumo com Merton a defesa, pura e simples, de uma teoria de porte médio, mas preocupo-me com uma abordagem que não encare "psicológico" e "social" ou "cultural" como entidades intraduzíveis e antagônicas.

X.

Felizmente, no estudo do comportamento desviante (mantenho a denominação porque é de uso generalizado, lembrando ser sempre necessário contextualizar) há autores que já caminharam um pouco mais, indo além da teoria da *anomie*. O grupo dos chamados *interacionistas* tem importante contribuição nesta área. A noção básica é que não existem desviantes em si mesmos, mas sim uma relação entre atores (indivíduos, grupos) que acusam outros atores de estarem consciente ou inconscientemente quebrando, com seu comportamento, limites e valores de determinada situação sociocultural*. Trata-se, portanto, de um confronto entre acusadores e acusados. Diz Howard Becker em seu livro *Outsiders*: "Tal premissa parece ignorar o fato essencial sobre o comportamento desviante: é criado pela sociedade. Não quero dizer isto no sentido normalmente compreendido, em que as causas do desvio são localizadas na situação social do desviante ou em 'fatores sociais' que condicionam seu comportamento. Quero dizer que os *grupos sociais criam o desvio ao estabelecer as regras cuja infração constitui desvio* e ao aplicá-las a pessoas particulares, marcando-as como *outsiders*. Sob tal ponto de vista, o desvio *não* é uma qualidade do ato que a pessoa faz, mas sim a consequência da aplicação por outrem de regras e sanções ao 'transgressor'. O desviante é aquele a quem tal marca foi aplicada com sucesso, o comportamento desviante é o comportamento assim definido por pessoas concretas" (*Becker*, 1966, p.8-9). Em outros termos, certos grupos sociais realizam determinada "leitura" do sistema sociocultural. Fazem parte dele e, em função de sua própria situação, posição, experiências, interesses etc., estabelecem regras cuja infração cria o comportamento desviante. Uma das principais contribuições de Becker, assim como de Kai Erikson e de John Kitsuse**, foi perceber que o comportamento desviante não é uma questão de "inadaptação cultural", mas um problema político, obviamente vinculado a uma problemática de identidade. Diz Erikson***: "O comportamento humano pode variar amplamente, mas cada comunidade estabelece parênteses simbólicos

---

* Ver, no caso brasileiro: Velho, Gilberto, "Estigma e comportamento desviante em Copacabana", in *América Latina*, 1971, capítulo 4 deste volume (p.116).

** Becker, Howard, *Outsiders*, Macmillan Co./The Free Press, 1966 [Ed. bras.: *Outsiders: Estudos de sociologia do desvio*, Zahar, 2008]; Erikson, Kai T., *Wayward Puritans*, John Wiley & Sons, 1966; Kitsuse, John, *Societal Reactions to Deviant Behaviour: Problems of Theory and Method*, in Becker, Howard S., *The Other Side*, The Free Press, 1967.

*** Erikson, Kai T., op.cit.

em volta de um certo segmento dessa amplitude e limita suas próprias atividades dentro dessa zona demarcada. Esses parênteses são, de certa forma, as fronteiras da comunidade. ... Formas de comportamento desviante, marcando os limites externos da vida do grupo, dão à estrutura interna seu caráter especial e assim fornecem o arcabouço dentro do qual as pessoas desenvolvem um sentido ordenado de sua própria identidade" (p.9).

Mas como perceber esta comunidade, grupo social ou sociedade, sem cair, novamente, em um monolitismo? Becker comenta: "Mas, é mais difícil na prática do que na teoria especificar o que é funcional ou disfuncional para uma sociedade ou grupo social. A questão sobre os objetivos ou finalidades (função) de um grupo e o que vai ajudar ou prejudicar a realização desses objetivos é, geralmente, um problema político. As facções dentro do grupo discordam entre si e manobram para ver a sua própria definição da função do grupo aceita. A função do grupo ou da organização, então, é decidida através do conflito político, que não é dado na natureza da organização. Se isto é verdade, então também é verdade que as questões sobre que regras devem ser implementadas, que comportamentos considerados como desviantes e que pessoas marcadas como *outsiders* devem ser também consideradas políticas. A visão funcional do desvio, ignorando o aspecto político do fenômeno, limita nossa compreensão."

Com esta perspectiva, supera-se a visão de uma estrutura social monolítica e acabada, tendo por base um consenso com ocasionais "inadaptados". Existem facções dos mais diferentes tipos em qualquer sociedade humana, fazendo com que, mesmo em grupos tecnologicamente menos sofisticados, se encontre o fenômeno da política. Há uma permanente possibilidade de confrontos a partir de divergências, pelo menos potenciais. É claro que é preciso constatar concretamente que sociedades apresentam que tipos de conflitos. Na medida em que se aceite a existência do

Poder em qualquer grupo social, constata-se uma tensão permanente entre os seus atores. Tal tensão pode explicitar-se através de conflito entre linhagens, luta de classes etc., no nível mais amplo do sistema social. No entanto, manifesta-se também em situações mais "microscópicas", como no caso da família, onde os conflitos não têm apenas um caráter "psicológico", mas apresentam uma integração do psíquico com o sociocultural. A família só existe através de um código, de uma linguagem de papéis, *status* etc., culturalmente elaborados. Isto fica bem claro nas obras já mencionadas de Laing, Esterson, Cooper e outros, onde o problema da doença mental é percebido como relacionado a uma crise de linguagem e a um confronto entre indivíduos que ocupam posições estruturalmente desiguais.* A percepção do sociocultural neste nível não implica um reducionismo sociologizante, obrigatoriamente. Trata-se de perceber que a vida sociocultural não pode ser estudada apenas a partir de fenômenos de "certo tamanho", mas que ela está presente em todo e qualquer comportamento humano. É neste nível que podemos falar em uma análise da *política do cotidiano* que, sem dúvida, tem de desenvolver métodos próprios. O estudo do comportamento desviante tem aí uma alternativa.

XI.

A Antropologia Social pode ter, nesta direção, uma contribuição importante. Com a sua tradição de estudar sociedades de pequena escala, fazer estudos de caso, trabalhar com comunidades, grupos de vizinhança etc., tem trabalhado num nível estratégico em que,

* Ver especialmente Laing, Ronald & Esterson, A., op.cit. e Cooper, David, *Psiquiatria e antipsiquiatria* e *The Death of the Family*.

mesmo partindo de categorias sociológicas mais amplas, está permanentemente em contato com indivíduos concretos, carregados de densidade existencial, que não podem ser transformados com facilidade em alfas e betas (embora haja quem o consiga). São verdadeiros personagens que marcam o trabalho do antropólogo. É só pensar em um Don Juan, em um Pa Fenuatara, um Quesalid etc.* Esse contato pessoal, direto, faz com que os padrões de objetividade científica tradicionais tenham de ser encarados com certa reserva. Por isso mesmo, o trabalho do antropólogo tende a assumir cada vez mais a dimensão da intersubjetividade. Não se trataria, então, de procurar abstrair os aspectos individuais, idiossincrasias pessoais etc., mas sim procurar encará-las como parte da situação de pesquisa**. Em vez de apagar esta dimensão "psicológica", tarefa realmente impossível, resta aprender a explicitá-la e integrá-la a toda a investigação. Assim, mais uma vez, a procura de padrões sociais e culturais não implicaria um "pôr entre parênteses" a dimensão individual. Isto significa, de um lado, o antropólogo aprender a lidar com a sua subjetividade e, de outro, a considerar mais relevantes para o seu trabalho características "estritamente individuais" das pessoas com quem está convivendo. Nem todos os feiticeiros Azande são iguais, assim como as mulheres Tchambuli ou os anciãos Gouro. É interessante lembrar que dois dos conceitos que mais vêm sendo utilizados pelos antropólogos são os de *carisma* e *drama social****, que são dos poucos a

* Ver trabalhos de Carlos Castañeda, Raymond Firth e Claude Lévi-Strauss.

** Ver *Anthropological Blues*, inédito de Roberto Augusto da Matta.

*** O conceito de *Carisma* foi sistematicamente formulado por Max Weber. *Drama Social* foi bastante desenvolvido por Victor Turner; ver, por exemplo, *The Drums of Affliction*, Oxford University Press, 1968. Ver a tese de Mestrado *Guerra de Orixás, um estudo de ritual e conflito*, apresentada ao Programa de Pós-Graduação em Antropologia Social da UFRJ de Yvonne Maggie Alves Velho e os trabalhos sobre Catolicismo Popular e Messianismo, ainda inéditos, de Alba Zaluar Guimarães.

quebrar esta descontinuidade arbitrária entre o "psicológico" e o "social". É evidente que a Psicologia Social tem produzido alguns resultados relevantes. Mas cumpre enfatizar que o próprio nome da ciência revela sua limitação. Tenho procurado mostrar que *toda psicologia é social* e que esta compartimentação é fonte das distorções apontadas.

O antropólogo no campo, ao lidar com pessoas, é mais capaz de perceber como são elaboradas as estratégias de vida particulares. Mesmo ao procurar padrões e regularidades, a sua experiência pode mostrar, se não estiver numa postura excessivamente rígida, que os indivíduos e subgrupos fazem leituras particulares de sua cultura em função de suas características próprias. Há, portanto, uma gama de variação que não impossibilita a procura de padrões. O que acontece, muito frequentemente, é que o investigador não quer ver tais variações como possibilidades dadas pela própria situação sociocultural em que as pessoas estão interagindo. Neste caso, rotulará os exemplos mais visíveis de "desvio", "inadaptação" etc. Ao fazê-lo, poderá estar tomando como verdade científica as representações de alguns indivíduos ou de uma facção dentro da sociedade estudada. Ou seja, estará trabalhando com um modelo estático e parcial que pouco o ajudará. Em vez de apreender possíveis conflitos e problemas estruturais estará simplificando a realidade, assumindo a ideologia de um grupo de indivíduos, geralmente o que tem mais poder.

XII.

O "desviante", dentro da minha perspectiva, é um indivíduo que não está fora de sua cultura mas que faz uma "leitura" divergente. Ele poderá estar sozinho (um desviante secreto?) ou fazer parte de uma minoria organizada. Ele não será sempre desviante. Existem áreas de comportamento em que agirá como qualquer cidadão "normal". Mas em outras áreas divergirá, com seu comportamento, dos valores dominantes. Estes podem ser vistos como aceitos pela maioria das pessoas ou como implementados e mantidos por grupos particulares que têm condições de tornar dominantes seus pontos de vista. O fato é que não é o ocasional *gap* entre a estrutura social e a cultural mas sim o próprio caráter *desigual, contraditório* e *político* de todo o sistema sociocultural que permite entender esses comportamentos. Assim, pode-se perceber não só o sociocultural em geral mas, particularmente, o político nas mais "microscópicas" instâncias do sistema sociocultural. É neste nível microssocial que talvez possa estabelecer-se um ponto de encontro entre as tradições "psicológicas" e "socioculturais". Nada era mais "individual" do que a *doença mental.* No entanto, toda uma outra perspectiva se abre quando Cooper diz: "Esquizofrenia é uma situação de crise microssocial, na qual os atos e experiências de determinadas pessoas são invalidados por outras, em virtude de certas razões inteligíveis, culturais e microculturais (geralmente familiares), a tal ponto que essa pessoa é eleita e identificada como sendo 'mentalmente doente' de certa maneira, e, a seguir, é confirmada (por processos específicos, mas altamente arbitrários de rotulação) na identidade de 'paciente esquizofrênico' pelos agentes médicos ou quase médicos*."

Insisto em não querer entrar em polêmicas psiquiátricas mas, sem dúvida, para o antropólogo, o trecho acima atende a esta necessidade de acabar com a ruptura indivíduo/social ou cultural. Trata-se de reconhecer nos atos aparentemente "sem significado", "doentes", "marginais", "inadaptados" etc. a marca do sociocultural. O estudo do "comportamento desviante" poderá ser um campo fértil para a Antropologia Social, na medida em que for

* Cooper, David. *Psiquiatria e antipsiquiatria*, p.17.

capaz de perceber através dele aspectos insuspeitados da lógica do sistema sociocultural. Com isso, estar-se-á restabelecendo um aspecto crucial do comportamento humano – a integração de suas diferentes dimensões.

2. "Cria fama e deita-te na cama": um estudo de estigmatização numa instituição total*

Maria Julia Goldwasser

I. Introdução

Este estudo visa a focalizar, em sua configuração peculiar, um sistema de relações sociais pautado numa modalidade de categorização estigmatizante. Partindo de uma perspectiva interacionista, define-se aqui a estigmatização como uma forma de classificação social pela qual um grupo - ou indivíduo - identifica outro segundo certos atributos seletivamente reconhecidos pelo sujeito classificante como negativos ou desabonadores. Do ponto de vista individual, a ação social fundada no estigma pode também ser compreendida como uma forma de relação social impessoal ou despersonalizante, uma vez que se deriva não da consideração

* Os conceitos de "estigma" e "instituição total" são utilizados aqui como foram desenvolvidos por Goffman, op.cit., respectivamente in "Stigma" e "Asylums". Estigma é definido como:

> "... un atributo que lo vuelve (el extraño) diferente de los demás... y lo convierte en alguien menos apetecible, en casos extremos, en una persona casi enteramente malvada, peligrosa o debil. De ese modo dejamos de verlo como una persona total y corriente para reducirlo a un ser inficionado y menospreciado. Un atributo de esa naturaleza es un estigma en especial cuando él produce en los demás... un descrédito amplio..." (Goffman, 1970, p.12).

E Instituição Total:

> "A total institution may be defined as a place of residence and work where a large number of like situated individuals, cut off from the society for an appreciable period of time, together lead an enclosed formally administered round of life" (Goffman, 1961, p.13).

do outro como individualidade empírica, mas apenas como representação circunstancial de certas características tipicamente associadas à sua classe de estigma.

A ideia de estigmatização aproxima-se da noção de "desvio social"*. A classificação de grupos desviantes pode também ser considerada como expressão particular de um processo de estigmatização: ter-se-ia, de um lado, grupos rotulados – ou estigmatizados – como "desviantes" e, de outro, grupos admitidos como "normais". O conceito de desvio social, da mesma forma que o de estigma, implica necessariamente um quadro relacional, uma vez que qualquer daquelas categorias não pode ser pensada isoladamente, mas apenas dentro de um sistema de oposições sociais: neste caso, "desviantes" e "normais" emergem como tipos que se afirmam contrastivamente, constituindo assim, essencialmente, uma manifestação de categorização social.

Como princípios de classificação e diferenciação social, "estigma" e "desvio social" remetem à problemática de delimitação de grupos sociais e de demarcação de suas respectivas posições estruturais. O objetivo que aqui se tem em vista é precisamente apreender esses mecanismos de afirmação de fronteiras entre grupos sociais e os recursos de sustentação dos modos de representação de um grupo a respeito de outro. Este estudo efetua um corte neste nível, isto é, focaliza a esfera de contato entre um grupo classificado como "desviante" e outro que se advoga "normal". Os dados etnográficos foram levantados numa instituição desti-

* Para uma noção relativista de "desvio social", ver Becker, op.cit., 2008. Basicamente, desvio social se define como: "Infração de uma regra grupal." A ideia fundamental é que o "desvio" é criado pela sociedade logo ao estabelecer essas regras grupais. Por outro lado, o diagnóstico do desvio depende do julgamento de um grupo que define alguém como desviante, segundo suas próprias normas, enquanto esse alguém pode, ao contrário, estar agindo de conformidade com as regras de um outro grupo diverso daquele.

nada à recuperação de prostitutas, o Abrigo Feminino*, situada no Estado da Guanabara, durante o período de agosto a dezembro de 1972. A instituição como tal parece fornecer o *locus* ideal para observar este tipo de relação, uma vez que ali se defrontam, direta e quase que exclusivamente, indivíduos classificados como "desviantes" e indivíduos classificados como "normais", procurando amoldar os primeiros ao seu sistema moral.

As observações incidem sobre um segmento apenas da problemática do desvio social e do fenômeno da prostituição, limitando-se às ocorrências registradas no âmbito daquela organização particular; não se trata aqui de descrever as características inerentes a cada grupo como tal, nem de discutir a sua origem e inserção na sociedade global, mas de determinar a lógica das relações que se estabelecem entre estes dois tipos de grupos sociais quando já se acham dadas e estruturalmente definidas as suas respectivas posições como "desviantes" e "normais" no interior daquela organização. Ver-se-á que a relação entre ambos será regida por um sistema de dominação-subordinação e que todo o esquema virá antes atuar no sentido de perpetuar a condição de "desvio" e reproduzir os argumentos em que se ancoram as racionalizações do estigma do que, ao contrário, instrumentalizar a "recuperação"** dos desviantes.

II. Cenário e história

O Abrigo Feminino originou-se de um Posto que a Secretaria de Serviços Sociais fizera instalar na área do Mangue em meados

---

* Preservando o anonimato da instituição onde foi realizada a pesquisa, nomes fictícios foram adotados substituindo as denominações institucionais e toponímicos que pudessem identificá-la.

** "Recuperação" no sentido de conformidade do grupo minoritário às regras do grupo dominante.

de 1960, quando ali se efetuava um programa de remoção da população local, com o fim de dar lugar à construção de uma série de projetos urbanísticos denominados "Cidade Nova". Abandonado o Posto, uma vez realizada a desocupação da área, um grupo de "senhoras católicas" que já então percorria o local com finalidades proselitistas obteve do então Governador do Estado permissão para ali instalar sua base de ação na área. O antigo Posto hoje funciona como Ambulatório, mas agora ligado a um novo esquema institucional: este núcleo inicial veio a ser eventualmente encampado e ampliado pelo Banco Assistencial, um órgão privado e de fundo religioso, para financiamento e assistência social, tomando então o nome de Instituto Feminino e passando a englobar três unidades articuladas: o Ambulatório inicial, o Abrigo Feminino propriamente dito e uma Creche. A instalação do Abrigo Feminino justificava-se pela necessidade de se dispor de um local apropriado à convalescença de mulheres que eram tratadas no Ambulatório; algumas sendo gestantes, a Creche entrou para o Instituto como prolongamento do Abrigo. Potencialmente, o sistema mostrava-se bem integrado: do Ambulatório, as mulheres eram encaminhadas ao Abrigo e a Creche permitiria não só a fixação das crianças como a colocação das mulheres como mão de obra.

Paralelamente à ação do Ambulatório, prosseguiam as "cruzadas"* do grupo no Mangue, uma vez que o Abrigo se propunha, mais do que uma função hospitalar, uma verdadeira "missão salvadora". Algumas ruas do bairro do Mangue popularmente designadas como "Zona do Mangue", ou simplesmente "Zona", são consensualmente reconhecidas no Estado da Guanabara

---

* Para uma definição de "cruzada moral", ver "Moral Entrepeneurs", in Becker, op.cit., 2008, capítulo VIII. O *crusading reformer* é descrito como um moralista, em geral das classes dominantes, preocupado com a exploração social e que transforma a luta contra o desvio numa empresa de face humanitária.

como área de baixo meretrício. A ficha de admissão ao Abrigo, a mesma ainda hoje utilizada, não previa entre os motivos a serem apontados pelas interessadas para ingresso na instituição mais do que quatro alternativas* suficientemente vagas para permitirem de fato um certo ajuntamento de mulheres na casa, essencial à realização da "obra de recuperação"; a consequência é que, num dado período, ali se encontravam não só mulheres grávidas, convalescentes ou em fase de aleitamento, como ainda outras que unicamente "estavam se escondendo da polícia". O denominador comum entre todas, no que interessava ao grupo "cruzadista", seria sua provável condição de prostitutas, inferível de sua proveniência do Mangue.

Uma descrição geral das instalações materiais pode dar uma ideia da escala do empreendimento. A Creche e o Abrigo localizam-se em bairro residencial da Zona Norte, em propriedade do Banco Assistencial, situada na encosta de um morro onde mais acima se estende uma favela. A Creche constituíra um projeto anterior à fundação do Instituto Feminino e de iniciativa exclusiva do Banco Assistencial, visando à população favelada da área. Hoje, nem Creche nem Abrigo sustenta qualquer vinculação com a comunidade favelada local**, e muito menos uma ligação preferencial, como era intenção original do Banco Assistencial. O Abrigo transferira-se de um pequeno apartamento num subúrbio da cidade para a casa situada mais abaixo da Creche, no mesmo terreno; Creche e casa, por essa época, já se achavam desocupadas havia

---

* a. Recuperação física;
  b. Apoio moral;
  c. Habilitação para o trabalho;
  d. Outros.

** No sentido de que na Creche e no Abrigo não se encontram, nem se pretende recrutar, moradores da favela, seja para o quadro de internas, seja para o quadro de pessoal.

algum tempo. Na sede anterior, o Abrigo ainda se encontrava sob patrocínio da Secretaria de Serviços Sociais do Estado, mas conseguindo suas empreendedoras interessar o Banco Assistencial em fomentá-lo, deste obtiveram não só o uso do atual imóvel como a direção da Creche e mais uma verba mensal de Cr$30.000,00. A Creche sofreu reformas e acréscimos, expandindo-se numa construção de quatro pavimentos com capacidade de atendimento para duzentas crianças; a casa, com o mesmo aspecto atual, já dispunha de alojamento para aproximadamente cinquenta internas.

A casa compreende uma construção de três pavimentos, plantada no centro de um terreno de forma a dispor de dois grandes pátios laterais e um extenso avarandado ao longo de toda a frente. O terreno se encontra à encosta de um morro, tornando praticamente impeditiva toda circulação interna entre a Creche e o Abrigo; o acesso entre ambos se faz apenas externamente, através da principal rua de penetração na favela. Ocupando uma esquina, toda a parte dianteira e esquerda do Abrigo – dado cuja importância se apreciará após – se fazem devassáveis de fora, ao contrário do pátio direito, que se abre sobre um terreno baldio de considerável extensão; o pavimento principal se encontra ao nível dos pátios, sendo o local onde as internas passam a maior parte do dia: aí funcionam salas de estar, de refeição, de estudo, secretaria etc. Nos demais pavimentos, encontram-se dormitórios e dependências de serviço.

O Ambulatório funciona duas vezes por semana na "Zona do Mangue". Na lógica do sistema, atuaria como válvula de captação de internas na área de "patologia social" que interessa à instituição. Atualmente, entretanto, o recrutamento se faz predominantemente através de uma maternidade de beneficência, o que vem afetando a composição estatística do grupo de internas e obrigando a instituição a uma reelaboração de sua ideologia.

O Abrigo se projeta como elemento nuclear neste complexo organizacional, e nele parece condensar-se toda a ação ideológica da instituição. O Abrigo é tratado como tema preferencial na propaganda do Banco Assistencial e do Instituto Feminino, sendo manifestamente pensado como laboratório experimental do todo e foco de interesse ao qual servem os outros dois componentes do sistema. Por essa razão, nesta primeira abordagem, constituiu o Abrigo o campo das observações etnográficas e o referente principal das interpretações, tendo sido as demais unidades abordadas apenas na medida em que permitiam verificar o modelo de organização ali constatado.

III. Ideologia

No Abrigo Feminino, ao nível manifesto, invoca-se uma ideologia de caráter igualitário e liberalizante. Para comprová-la, alega-se, em primeiro lugar, o título da instituição – "simplesmente Abrigo *Feminino*, bem amplo para não marcar ninguém"; depois o fato de não se prescrever uso de uniforme para internas ou funcionárias e, principalmente, a recusa ali mantida de se praticar qualquer forma de doutrinação religiosa, apesar de sua subordinação ao Banco Assistencial. De fato, ali não se conduzem abertamente situações ritualizadas de culto nem se encontram símbolos religiosos; advoga-se que "tudo de que (as internas) precisam para sair daquela vida é habilitação para o trabalho e apoios ambientais" na passagem ao novo estilo de vida. Apregoa-se equanimidade nas medidas disciplinares; garante-se que as obrigações distribuídas entre todas sejam equivalentes e a aplicação de prêmios e penalidades, imparcial. O reconhecimento explícito do grau de adequação da conduta às normas vigentes na instituição reflete-se afinal nas posições alcançadas pelas internas dentro do sistema promocional interno e nas expectativas de alocação empregatícia que, se em tese se acham abertas a todas, por outro lado, se fazem também o polo por onde de início se constata o esboço de diferenciação entre as internas.

Assim como o Abrigo constitui o elemento central do sistema organizacional, analogamente a categoria "prostituta" constitui o elemento fundamental do sistema de representação: a instituição existe definidamente orientada à "recuperação de prostitutas"; "prostituta" é o referente que emerge recorrentemente no discurso espontâneo do pessoal da administração e a problemática da instituição é toda pensada e explicada em termos da presença desta categoria particular de pessoas.

O que se define ali como "prostituta" é a "mulher que vive do comércio do sexo, vendendo seu próprio corpo"; uma definição complementar é a de "mulher que tem mais de um filho de homens diferentes"; na prática, as prostitutas são reconhecidas por sua proveniência da "Zona do Mangue". A aplicação destes três critérios, entretanto, dificilmente permitiria uma identificação unívoca das internas. No período em que se realizou a pesquisa, encontravam-se lá substantivamente: mulheres sós*, grávidas ou em fase de aleitamento. Algumas haviam concebido filhos de "pai desconhecido", no sentido jurídico da expressão; enquanto outras se haviam mantido casadas até há pouco e contavam para as crianças com o reconhecimento da paternidade por seus respectivos maridos; havia mulheres na primeira gestação apontadas como prostitutas, enquanto outras com vários filhos de homens declaradamente diferentes não o eram. Em resumo, a composição imediata e visível do agrupamento mostrava apenas mulheres mais lactentes; a maternidade constituía em bloco o tema domi-

* No sentido de que se acham no momento afastadas do grupo familiar ou de outros grupos de solidariedade ou assistência.

nante no Abrigo, não havia neste período nenhuma interna que não tivesse a sua presença diretamente vinculada a este motivo.

No entanto, a presença e a destinação a prostitutas parece constituir um dogma na instituição. Não se concebe outra forma de classificação das internas senão esta, exceto quando denunciada de fora a inconsistência de sua aplicação a casos concretos. Diante de uma questão específica "F. é prostituta?", duas outras alternativas podem aparecer: "Não, F. é mãe solteira" ou então "F. é promíscua". "Promíscua" é a "mulher que mantém relações sexuais com vários homens diferentes, mas independentemente da intenção de explorar ou ganhar dinheiro", pode tirar algum proveito financeiro – "um biscate" – mas é mais "uma mulher que interpreta mal o amor livre". A "mãe solteira" é a "moça de família que errou", mas que "tem apenas um filho e não procura outros homens". Produz-se assim uma espécie de moral quantitativa, avaliada em relação a "número de homens", "número de filhos" e "grau de comercialização nas relações sexuais".* Esta quantificação da moral pode se estender a todo o universo feminino, através de uma quarta categoria, a "grã-fina", ou seja, "a mulher que explora um único homem através do casamento". Não somente a mulher casada pode equivaler a "grã-fina", mas também "moças solteiras que querem casar", sob suspeita generalizada de aspirarem à "conveniência" do casamento, que é o mesmo que "interesse econômico e financeiro".

Nesta taxonomia, a prostituição se apresenta antes como uma questão de grau, qualquer mulher podendo ser mais ou menos prostituta, o que, sem dúvida, gera para a instituição um reservatório inesgotável de candidatas à "reabilitação", difícil porém de

* Ocorre na Creche outra manifestação interessante desta "moral quantitativa". Admite-se apenas o internamento de até dois filhos da mesma mulher. No caso de internas ou funcionárias, revelou-se que a medida visava a coibir "abusos de relações sexuais".

definir nestas circunstâncias. Compreende-se, assim, por que esta classificação complexificada tende a permanecer apenas latente, enquanto a categoria "prostituta" emerge repetidamente, inclusive mascarada sob forma de alusões vagas e eufemismos como "a vida que elas levam...", "mulheres da vida" etc.; pode-se deduzir que, dentro deste sistema de definições, "prostituta" corresponda à totalidade do humano feminino, o que faz da passagem da "mulher desviante" à "mulher moral" igualmente uma questão de conceituação nominalista. Em face da discrepância, de um lado, entre um princípio rígido para recrutamento e afiliação grupal e, de outro, a variabilidade da composição empírica do agrupamento formado, gera-se uma manipulação do simbolismo classificatório, de forma a restabelecer o acordo com a regra ideal, garantindo assim a continuidade da ideologia do embasamento institucional.

Uma análise da categoria "prostituta" evidencia os seguintes atributos:

A. A definição básica, como já se viu, é a de "mulher que vive do comércio do sexo, vendendo seu próprio corpo" ou que "tem mais de um filho de homens diferentes";

B. Em segundo lugar, a prostituta é vítima, é objeto de exploração social, pela sociedade em geral e pelos homens em particular;

> Ex.: "Os homens só sabem encher a barriga delas de filhos, não tomam nenhuma responsabilidade depois e elas ficam sozinhas com o encargo. Naturalmente, elas se revoltam. Não se pode dizer que elas não têm razão, porque só elas é que têm de arcar com o ônus. O homem só procura o prazer. A culpa afinal não é delas: a culpa é nossa, é da sociedade."*

* As citações que ilustram a análise da categoria "prostituta" têm apenas um caráter exemplificativo, não devendo ser tomadas como as mais representativas. Outros depoimentos de teor semelhantes poderiam igualmente ter sido transcritos.

C. A forma de exploração a que está sujeita a prostituta – a exploração ligada ao sexo – é degradante, vil, em oposição a outras formas de exploração sublimes ou elevadas:

Ex.: "O operário é explorado, mas ele constrói uma coisa bela, útil à humanidade. A prostituta não, a prostituta é só sexo, não constrói nada, só vende seu corpo, não serve a ninguém."

D. Em consequência, a prostituta, sendo impura e contaminadora, também age como ameaça social:

Ex.: "Eu queria ensinar elas a fazerem bichinhos de feltro. É uma coisa que vende bem e dá um bom lucro; mas Dona M. não quis, disse que elas podem contaminar as crianças com doenças venéreas. Não quer que elas façam nada que vá para mão de crianças."

E. A prostituta não tem discernimento próprio, sendo portanto incapaz de determinar seus próprios interesses e de se dirigir:

Ex.: "Elas não têm cabeça. Você não pode deixá-las sair por aí porque a primeira coisa que fazem é encher novamente a barriga de filhos."

F. A prostituta tem vontade lábil e pouca perseverança, e é por isso que reincide frequentemente na prostituição:

Ex.: "Volta e meia, elas tornam a falar em 'batalhar na rua'. 'Batalhar' é o termo que usam. Qualquer coisinha, elas falam em 'batalhar', estão sempre pensando nisso outra vez."

G. A prostituta é turbulenta, agressiva, emocionalmente instável:

Ex.: "Eu inicialmente quis aproveitá-las na Creche, mas não foi possível. Elas criam casos por tudo, criam casos por coisas incríveis que você não pode nem imaginar. E pessoas que lidam com crianças têm de ser equilibradas."

H. A prostituta é socialmente inferior:

Ex.: "Você não deve fazer reuniões de grupo com elas. Elas são de nível inferior; gente desse nível fala as coisas aqui e continua falando depois. No caso delas, que não têm formação, o melhor é cada uma guardar para si e ficar em silêncio."

IV. Vida diária

A instituição funciona coerentemente dentro da concepção de destinar-se a uma clientela "incapaz", "dependente", "viciosa", que se precisa continuamente manter ocupada e dirigir sem cessar. Depreende-se que ali se atribui à "ocupação" em si uma qualidade de ordem e coesão; menciona-se que "brigas horríveis acontecem à noite, quando elas estão sozinhas e não têm o que fazer". Assim, o curso integral dos dias e semanas é rigorosamente preenchido, não cabendo às internas senão cumprir uma série ininterrupta de atividades que lhes subtraem toda privacidade e esfera de decisão pessoal. Além disso, o horário dos funcionários é arranjado de forma tal, em turnos e plantões, que não se passa um só momento de dia algum sem que haja alguém presente para "dar assistência" como "responsável" pelas internas.

Um dia típico obedece ao seguinte "Programa":

6h	despertar/banho
7h	café matinal
7h30min	Serviço Interno
9h	Curso Básico
11h30min	almoço
14h	Trabalhos Manuais/Corte e Costura
17h30min	lavagem de roupa própria
19h	jantar
20h	televisão
21h	"Silêncio! Luzes apagadas!"

"Programa", no Abrigo Feminino, significa que se espera, primeiro: que as pessoas cumpram as atividades previstas sem solução de continuidade, uma tarefa seguindo-se imediatamente à outra; segundo: que as tarefas sejam executadas naquele exato horário e em nenhum outro, não se tolerando oficialmente qualquer remanejamento da programação.

As atividades mais destacadas distribuem-se sob três títulos: Serviço Interno, Curso Básico e aulas de Corte e Costura e Trabalhos Manuais. Um exame da programação evidenciará de imediato não se ter tomado em conta a presença dos lactentes que, no entanto, estão lá cuidados apenas nos interstícios da programação maior das internas. Ao se acompanhar a seguir a descrição da rotina diária, dever-se-á ter em mente os alvos a que se propõe a instituição – "habilitação para o trabalho" e "promoção social" – para que se possa apreciar, numa avaliação mais realista, a pertinência das atividades ali desenvolvidas.

O "Curso Básico" e as aulas de "Corte e Costura" e "Trabalhos Manuais" representam um instrumento essencial no projeto de "habilitação para o trabalho". Os objetivos profissionais oficialmente valorizados na instituição são aqueles que podem estender às internas os benefícios da legislação trabalhista, excluindo-se consequentemente os empregos domésticos que, na prática, não o fazem. Postula-se não se poder pretender para as internas muito além das ocupações manuais em vista de seu baixo nível de escolaridade, mas o emprego em oficinas de confecção ou nos escalões mais baixos do serviço público são demonstrativamente mencionados como exemplos de ocupações desejáveis para as internas; para estas posições é que aqueles cursos se mostrariam os caminhos mais apropriados.

As aulas no "Curso Básico", entretanto, se desenvolvem dentro do mais absoluto espírito de improvisação; a ideia implícita é que já terá sido suficiente manter as internas concentradas em determinado local por certo período de tempo. A turma é heterogênea, apresentando desde pessoas analfabetas até outras que têm o 1º ciclo completo. As regentes de classe são variáveis, nenhuma delas contando com formação especializada: a que se poderia considerar como titular do cargo é a mesma responsável pelo "Serviço de Secretaria", na verdade uma contabilização elementar das contas de gás, telefone etc.; no impedimento desta, a substituta preferencial é uma ex-religiosa que atualmente é babá na Creche e, em seguida, uma ex-interna que atualmente é inspetora no Abrigo. O conteúdo das aulas é arranjado casualmente, não obedecendo a qualquer plano ou seriação didática. Não se cogita o uso econômico do tempo, cada exercício é passado em manuscrito no caderno de cada aluna, fazendo-se apenas uma interpretação deformada de seus "interesses individuais"*. As questões que se propõem são formais, repetitivas, não implicando uso ativo de conhecimentos de linguagem ou cálculo**; a biblioteca de classe, provindo de doações ecléticas, se compõe dos volumes mais desconexos, aparecendo ao lado de livros de Curso Básico propriamente, outros de Geometria Analítica, Carpintaria, Agronomia, Astronomia etc., dos quais as internas se aplicam indistintamente a fazer cópias, na verdade, traços grafados mecanicamente e destituídos de compreensão simbólica. Contudo, destas aulas não se pode dispensar interna alguma, ainda que seja para atender aos filhos nas salas contíguas quando os ouvem chorar; nem podem ser deixadas sós, qualquer afastamento da "professora" devendo ser precedido pela

* "Cada uma faz o que quer: elas detestam esta aula, elas são revoltadas, não querem saber de nada. Eu deixo elas fazerem o que quiserem: umas dormem, outras fazem cópia. Há horas em que todas cruzam os braços e abaixam a cabeça. Eu acabo esta aula esgotada" (Profª Titular).

** Os exercícios se pautam no tipo listagem classificatória. Pedem-se, por exemplo, relações de tantos trissílabos paroxítonos ou de palavras em que apareçam ditongos orais decrescentes etc. Em aritmética, somente se copiam tabuadas.

convocação de outro funcionário que ali fique presente neste ínterim. Algumas vezes, observa-se as pessoas simplesmente ficarem na sala de aula, encerrado todo o "estudo", apenas porque "ainda não são onze e meia".

Os outros dois cursos seguem o mesmo diapasão. Quando iniciei as observações, as internas já vinham há algum tempo confeccionando 2.000 sacolas de papel* destinadas à venda em benefício do Abrigo. A observação do "artesanato" pôs de manifesto alguns problemas referentes ao padrão de racionalidade no ensino profissionalizante da casa: de pronto, os custos brutos das sacolas ultrapassavam de longe os preços de venda, mostrando-se um investimento inexequível como "meio de vida"; por outro lado, o tipo de habilidade que se adestrava ali dificilmente se poderia considerar um conhecimento especializado vantajosamente transferível a outro tipo de atividade produtiva. As próprias internas rejeitavam a tarefa conscientizadas de sua esterilidade e submetendo-se a cumpri-la exclusivamente por constrangimento do regime disciplinar do Abrigo. Deficiências idênticas se denunciavam no curso de Corte e Costura: as internas criticavam não se lhes ensinar a "tirar um feitio completo, um vestido do princípio ao fim"; transmitiam-lhes somente algumas técnicas parciais e elementares, como pregar botões, e que poderiam, se tanto, numa oficina de costura facilitar-lhes uma posição das mais periféricas.

O "Serviço Interno" também representa uma contradição em face das aspirações profissionais que se estimulam no Abrigo. Vigora internamente uma espécie de "mutirão doméstico" pelo qual a totalidade das tarefas necessárias ao funcionamento da

---

* A confecção se resumindo em recobrir de figuras recortadas de revistas sacos já prontos doados por armazéns de gêneros alimentícios.

casa são distribuídas entre as internas. Existe uma escala de serviço*, da qual só se eximem as que estiverem próximas do parto ou que tiverem tido indicação médica em contrário. Pela execução destas tarefas, as internas recebem uma remuneração simbólica de Cr$1,00, que representa a base para custeio de suas despesas pessoais**. Em torno desta remuneração simbólica, desenvolve-se um verdadeiro sistema de controle: as diárias são usadas como meio de coação direta, qualquer falta implicando o cancelamento da remuneração daquele dia***; por outro lado, as diárias sendo interpretadas pelas internas como uma forma de remuneração real, embora irrisória, sobretudo após aplicação das penalidades, acaba por lhes rebaixar o sentido de avaliação dos níveis salariais correntes segundo a medida desta escala reduzida, o que lhes intensifica o sentimento de dependência em relação ao Abrigo.

Às crianças cabe o tempo residual entre as atividades da programação, sendo elas também sujeitas ao rigor cronométrico do Abrigo, como que compartilhando o estigma materno. As crianças não podem jamais ser atendidas se isto representar interrupção das atividades da mãe; durante as aulas ouvem-se muitas delas chorarem sem que se possa verificar a causa. A direção do Abrigo lhes determina rigidamente o horário de refeição, tipo de alimentação, horário de banho etc.; sem qualquer atenção ao seu ritmo vital de recém-nascidos; de resto, as crianças permanecem

---

* A escala é nominal e modificada a cada mudança na lotação da casa. Fica afixada publicamente e contém descrição minuciosa de todas as tarefas. Numa ocasião em que havia 14 internas no Abrigo, a distribuição era a seguinte, em linhas gerais: Cozinha: 1; Copa: 1; Lavanderia: 1; Limpeza dos banheiros: 1; Limpeza dos dormitórios: 2; Limpeza dos salões: 1; Limpeza dos pátios: 1; Jardinagem: 1.

** Roupas para as crianças, mamadeiras, sabonetes etc.

*** Consideram-se faltas suficientes para o desconto: desobedecer ou responder mal às funcionárias, levantar-se além da hora, altercar-se com colegas, impontualidade em qualquer item da programação, faltar às aulas etc.

absolutamente sós, sendo o abandono a que devem relegar seus filhos a principal queixa das internas*.

Não há visitas pessoais no Abrigo, todas são visitas oficiais à instituição: comissões do Banco Assistencial, representantes de outras instituições similares, "senhoras" que vão prestar qualquer assistência ou doação etc. Recentemente, por influência da psicóloga contratada, instituiu-se uma saída semanal aos domingos que, devido às circunstâncias, raramente é aproveitada: "As gestantes não podem sair, por causa do seu estado" e as demais, muitas vezes não tendo "para onde ir", acham difícil "sair pela rua, com a criança no braço, e mais sacola e mamadeira e fralda", o que na verdade traduz um sintoma de enclausuramento institucional.

V. Sistema de controle e conflito social

A instituição acusa um estrangulamento nas redes de comunicação interna e de passagem ao mundo exterior. Em função de suas próprias contradições, é toda ela um feixe de tensões: entre a ordem interna e a externa; entre o quadro de pessoal e o quadro de internas; dentro do próprio quadro de pessoal, entre os profissionais especializados e a direção administrativa; e entre os diversos órgãos do Instituto Feminino.

---

* Além disso, as internas que têm seus filhos matriculados na Creche, um pouco mais acima, só podem vê-los uma vez por semana, quando descem para brincar no pátio do Abrigo. Mesmo deste único contato semanal, uma delas vem sendo há tempos privada por considerar que "ela está demais com aspecto de prostituta... e pode impressionar a filha". Paradoxalmente, a instituição critica muito a falta de responsabilidade maternal das internas e por isso prescreve algumas medidas preventivas, como o compromisso de aleitamento natural até os três meses, o que nem sempre é possível, dadas as condições físicas das mães e a obrigatoriedade de cada qual cuidar exclusivamente de seu filho, o que muitas vezes apresenta resultados contraditórios em situações de emergência.

A tendência ao enclaustro se estampa já na aparência do Abrigo, todo ele fechado do lado de fora. Mencionou-se antes o devassamento da fachada dianteira do prédio e do pátio esquerdo: em virtude dessa disposição, é vedada toda circulação naquele pátio e as janelas fronteiras permanecem terminantemente fechadas. Somente o pátio direito, relativamente isolado, é franqueado ao uso das internas; o pátio esquerdo, ao contrário, é interposto de obstáculos à movimentação, sendo necessário ultrapassar dois muros de portões sempre cerrados no encaminhamento entre a rua e a sede do Abrigo. Ter acesso à chave para manobrar os portões por ordem da Direção é função que confere destaque e pode ser considerada como primeiro indício de ascensão da interna em sua "carreira"* no Instituto.

Um dos motivos mais frequentemente mencionados como razão de desavença entre as internas são "as janelas"**. Dificilmente se poderia compreender a relevância do motivo, não fosse pelo seu conhecimento vivenciado dentro do código particular do Abrigo. Há hiatos por todo o sistema de comunicações, que só fazem acentuar nas pessoas ou a relação da submissão por temor ao erro ou, ao contrário, provocar-lhes desvios involuntários. A informação só se faz por comandos parciais e velados, devendo o restante ser inferido experimentalmente: "Tudo é camuflado, não tem jogo aberto; a

* "... a series of statuses ... a typical sequence of position, achievement, responsibility and even adventure ... Subjectively, a career is a moving perspective in which a person interprets the meaning of his various attributes, actions and the things that happen to him" (Hughes, E., apud Becker, H., 2008, p.102).

** A uma pergunta: "Por que brigaram?", em versões diferentes, a resposta mais frequente é "janela": "porque F. abriu a janela"; "porque F. disse que X. abriu a janela e X. disse que não abriu" etc. No gabinete de Psicologia, por exemplo, há duas janelas dispostas em canto; uma delas abrindo-se sobre uma varanda, mas a outra debruçando-se sobre a ladeira. Confirmando o esquema, revelou a psicóloga que recebia insistentes recomendações para que mantivesse fechada esta última, mas sem que lhe fosse jamais dada qualquer explicação clara que justificasse a medida; as instruções sempre vazadas em termos vagos como "é melhor assim", "você deve deixar assim" etc.

intenção é transmitida obscuramente, ela não é dita, entra em você." A retenção de informações é parte do processo de controle social e de demarcação de status, tanto mais eficaz quanto não existe no Instituto Feminino nenhuma ordem burocrática racional, no sentido weberiano*, toda ascendência – constituindo uma delegação pessoal de prestígio conferida pela Diretora Geral, que é, em essência, quem monopoliza o Poder na Instituição.

A opacificação de informações pode-se exercer contra internas ou funcionárias; a participação no fluxo decisório independe do escalão hierárquico, estando mais condicionada ao grau de lealdade reconhecido na funcionária. Muitas vezes o personalismo da Direção esbarra em princípios profissionais e por isso não há consenso entre esta e os funcionários. Procura-se tanto quanto possível mantê-los sob contenção, acionando-se diversos mecanismos refreadores. O recurso mais imediato é a depuração de funcionários "insanáveis": há uma rotação elevada nos cargos de psicóloga e assistente social. Mas há outros instrumentos mais elaborados: quando o profissional não é afetado por uma interferência direta em sua orientação, um dos meios utilizados é procurar minimizar a sua área de atuação; há diversas alegações convencionadas neste sentido: uma delas seria que aquela área em que estivesse interessado em penetrar "pertence" a outro profissional; este é o jogo que rotineiramente se faz entre a assistente social e a psicóloga, aquela quando se dispõe a "ouvir os problemas" das internas, esta quando lhes procura "arranjar emprego". Outro esquema já codificado é colocar o funcionário "sob suspeita": o funcionário "sob suspeita" está sujeito a uma intensificação do controle da Direção, é interpelado publicamente sobre minudências, recebe abruptamente um volume inviável de solicitações que deve cumprir, não é deixado a

* Isto é, de organização impessoal, a autoridade vinculada ao status e delimitadas claramente as atribuições dentro de uma hierarquização de funções.

sós com internas ou outros funcionários etc. Depreende-se, pela intensidade das pressões que os acompanham, que manter profissionais especializados corresponde para o Instituto Feminino mais a um argumento do que a uma exigência funcional: eles não estão lá para se desincumbirem autonomamente de suas atribuições, mas simplesmente para "consagrar" pela sua presença os métodos já enraizados na organização.

O acesso às informações separa na Instituição as pessoas que "estão a par" (ou "mais a par"), e por isso comandam (ou comandam mais), das pessoas que "não estão a par", e por isso são comandadas ou "instáveis", "inseguras", "nervosas", "agressivas" etc. Há outras formas de simbolizar status no comportamento manifesto: separam-se espaços impenetráveis reservados ao encercamento da autoridade: "É proibida a entrada" no Gabinete da Diretora do Abrigo e da Creche; as refeições são altamente ritualizadas quando ela se encontra presente: as internas que normalmente se servem à vontade devem nessas ocasiões ser servidas pela Diretora, que reexprime neste gesto a concessão da "dádiva" diária. As diferenciações de status também se revelam em termos de deferência, marcando cerimonialmente o distanciamento entre as internas e as diversas gradações de funcionárias: as funcionárias são sempre endereçadas como "Senhora" e "Dona", enquanto as internas se apontam invariavelmente por seu nome pessoal; nos níveis mais altos deve-se explicitar o referente do cargo: "a Diretora Dona X", "a Supervisora Dona Y".

Não dispor de informações pode equivaler, para as internas, a não dispor de dados sobre sua própria situação pessoal ou seu futuro; através da sonegação de informações pode-se estar manipulando a própria pessoa da interna. Para as internas, há duas alternativas possíveis de encaminhamento: ou serem aproveitadas na Creche ou no Abrigo, ou então serem alocadas num emprego de fora; de qualquer forma, elas detêm apenas uma limitada influência sobre o curso destas alternativas. Há vários fatores que regem o aproveitamento de internas na Creche ou no Abrigo, mas uma constante parece provável: na "moral quantificada" do Instituto, faz-se preferencialmente o aproveitamento dos casos limites presentes, isto é, a "prostituta da Zona" e a "mãe solteira", destinando-as a posições nitidamente diferenciais. A "prostituta", como extensão de sua ambiguidade – vítima e ameaçadora –, está sujeita a um tratamento ambivalente no Instituto Feminino: procura-se por todos os meios retê-la na instituição; faltas que automaticamente conduzem à expulsão de outras internas, no caso das "prostitutas", são relevadas, buscando-se abertamente contemporizar e persuadi-la à permanência; em oposição, ela é objeto da maior pressão autoritária e fiscalização por parte da Direção; a consequência é que vem-se tornando cada vez mais diminuta a sua afluência e abreviada a sua estada no Abrigo. Enquanto a "prostituta" precisa "lutar para sair" do Abrigo ou da Creche, a "mãe solteira" precisa "lutar para ficar", dando provas contínuas de "boa índole" e "bom comportamento" e acentuando mais em seu caráter o componente de "vítima" que o de "ameaçadora". Quando afinal se estabilizam, às "mães solteiras" se creditam cargos de babá na Creche, chegando algumas à posição de auxiliares de supervisão; as "prostitutas" não ultrapassam jamais os níveis de serviço braçal.

Tem-se acentuado na Creche e no Abrigo uma tendência à substituição de funcionários contratados por internas consideradas aptas a preencher as mesmas funções. Esta substituição que, em princípio, corresponde adequadamente à destinação social do Instituto, é também, como outras tentativas descritas, desfigurada internamente em seu sentido original. A interna, transmutada em funcionária, experimenta na nova situação condições bem diversas das asseguradas ao ocupante anterior. O Abrigo em si não oferece oportunidades muito numerosas de aproveitamento empregatício, uma vez que funciona, como se verificou, dentro de um esquema de autossuficiência em mão de obra; aí, "aproveitamento" significa apenas um consentimento à permanência: "deixar F. ficar por aí fazendo uma coisa e outra", a "remuneração" continuando a ser casa, comida e remédios. O deslocamento para a Creche é mais apreciado porque envolve expectativas de regularização da posição funcional com base na Legislação Trabalhista. Pelos moldes de "contratação" correntes no Instituto, entretanto, consegue-se anular o alcance destes benefícios através de uma série de descontos: a mensalidade do filho que a funcionária mantém na Creche, sua própria moradia obrigatória lá, alimentação etc. Compensando pagamentos por cobranças, sua remuneração real vem a se reduzir, como no Abrigo, a uma troca de serviços por moradia e alimentação. Mantendo seu pessoal subalterno ao nível de subsistência, o significado último da admissão de internas ao lugar de funcionárias se equipara a uma nivelação da condição de interna. O regime disciplinar da Creche reproduz o do Abrigo, confundem-se vida privada e vida funcional, sendo devassados pela Direção os atos de natureza mais pessoal: há o mesmo enclausuramento, o mesmo obscurecimento de informações; sexo é tabu: "sair para se encontrar com um homem" ou "aparecer grávida"* são razões suficientes para dispensa imediata ou "rebaixamento" ao Abrigo, o que significa penalidade igual.

O conceito que oficialmente se sustenta sobre as internas como pessoas "imorais", "turbulentas", "perigosas" etc., permeia todo o sistema e desemboca afinal na representação que elas próprias se assumem sobre si mesmas; este mecanismo de controle interiorizado virá a ser o mais eficiente da Instituição. "Elas são tremendamente moralistas aquelas mulheres, quando elas se xingam só se chamam de 'vaca' e 'pistoleira'. Elas têm o mesmo sistema de

* Nenhuma mulher grávida pode transitar pelo interior da Creche "para não despertar a curiosidade das crianças".

valores que nós temos." "Ir atrás do macho" sumariza entre as internas a acusação difamatória mais penetrante; o desejo de sair do Abrigo é sempre explicado em termos do mal-estar causado pelo "ambiente das colegas", os "palavrões", a "implicância do povo" de lá; há internas que contam ter passado "a noite todinha acordada de olho pregado em F. (que) tem faca escondida embaixo do travesseiro... e pode matar a gente dormindo". O mais significativo é o efeito paralisante das concepções e sistema de controle do Instituto Feminino sobre a capacidade de iniciativa das internas: constroem-se as mais variadas racionalizações para justificar a protelação de ações decisórias: aguardar "para ver o que a Diretora Dona M. vai fazer: talvez suba para a Creche, talvez fique por aqui mesmo"; "como é que a gente vai procurar emprego no domingo?"; "a madame não vai querer a gente de menino no braço" etc. Mas não tendo sido a estrutura do Instituto forjada para equacionar esses problemas "nem para recuperar ninguém", a ruptura através dos obstáculos suspensivos e do clima desencorajador da instituição só se resolve através de crises: não se assinala no Abrigo um caso que seja de saída de interna dentro dos esquemas da carreira ideal, isto é, "casada" ou "empregada"; todas as saídas são explosivas: as internas expulsas publicamente ou as internas que saem intempestivamente pela "porta a fora com o filho no braço". Assim como existe um clima que sinaliza para o funcionário "estar sob suspeita", também se apronta um "clima de expulsão" para a interna: a interna recebe notícias a seu respeito, é constantemente interrogada sobre seus planos, mas continuando suspensos os instrumentos para realização destes: cerceia-se a sua saída, dificulta-se a sua mobilidade etc.; a raiz do impasse residindo na pressão para sair em contradição com o julgamento difuso de que procurar um emprego agride o dever de gratidão para com o Abrigo. O fato é que a interna interpreta que só pode aspirar a sair sigilosamente, sob pena de "ser mandada embora se Dona M. souber".

O que torna mais conflitante o tipo de controle que se utiliza no Instituto Feminino é o seu elemento de indeterminação: as pessoas envolvidas não se apercebem da sistemática do processo de acusação nem conseguem determinar de onde esta provém; gera-se um clima de hostilidade generalizada, qualquer pessoa podendo ser um denunciante em potencial e qualquer ato podendo ser denunciável. Aparentemente, mantêm-se relações cordiais, mas intermitentemente afloram acusações proferidas em tom impessoal, do tipo "alguém tirou", "não sei quem foi", "o pessoal daqui"; há um jogo expressivo de relações jocosas, por exemplo, a respeito da qualidade do desempenho de cada uma durante as aulas; as pessoas acodem insistentemente com advertências pseudocooperativas, como lembrar amistosamente serviços que a outra esqueceu; além dos conflitos abertos sobre normas expressamente conhecidas. Quando se acumulam as tensões a um nível desruptivo, a intervenção direta da Diretora Geral só faz confirmar os conceitos correntes sobre o caráter e capacidade de autodisciplina das internas. Mas, atrás disso, há sempre a suposição latente de que "alguém conta tudo", e que se reforça a cada demissão ou expulsão repentinas de funcionárias ou internas ou se praticam descontos nas diárias simbólicas das internas. Clandestinamente, "jogar as crianças na rua" é o argumento final que se mobiliza contra funcionárias ou internas que já têm seus filhos na Creche quando se deseja constrangê-las a se conservarem nos quadros do Instituto como prova ideológica de recuperação. Desnudando o sistema de poder na Instituição, esse tipo de ameaça tira seu efeito da desvantagem entre forças diferenciais de barganha e por se lançar contra pessoas já interna e externamente imobilizadas numa ideologia de inferioridade e dependência.

VI. Fronteiras reafirmadas

Procurou-se analisar aqui uma situação de contato misto, isto é, uma experiência social onde desviantes e normais se encontram contrastivamente participando de um mesmo sistema de organização. As observações foram conduzidas numa instituição total, porque neste nível de análise o sistema de relações focalizado pode ser apreendido em estado de condensação e recortado analiticamente como objeto específico de estudo. Interposta como instância mediadora à integração de desviantes na sociedade maior, a instituição total, ao contrário de sua destinação ideológica, mostrou-se um dispositivo discriminatório, criando desde o espaço geográfico uma área social reservada à segregação de categorias que se pretende individualizar e isolar. Reproduzindo em seu interior, na hierarquização entre internadas e funcionários, a oposição binária que ela própria como unidade cristaliza em face da sociedade global, verificou-se que aí as fronteiras divisórias entre as duas ordens de realidade, que as articulam através da instituição total, fazem-se sistematicamente antecipar pela acumulação de faixas tensionais que sinalizam a aproximação dos limites de ultrapassagem. Encerrando uma zona de sacralidade, a transição ao mundo exterior que se estende, além da instituição, como província da normalidade, deve ser amparada em ritos que equilibrem a passagem para fora do círculo de proteção aos desviantes. O contato com a região dos "normais" se faz subordinado às regras da instituição que estende o seu controle até esta área, condicionando a natureza das vivências que aí se experimentam: a interna em trânsito no mundo dos "normais" vive uma inversão temporária da situação institucional, mas que representa ao mesmo tempo um teste de conformidade às suas regras; há obstáculos que controlam a saída, a chave é uma sacrália simbólica e a função de movimentar portões adquire destaque cerimonial; escrutinam-se *a posteriori* indícios para verificação da obediência prestada às normas institucionais durante a "viagem"; as atividades que remetem à preparação para o mundo exterior consubstanciam um caráter ritualístico e aqueles que impulsionam a saída são identificados como elementos periculosos e não gratos à estabilidade institucional.

Internamente, engendram-se mais regras que só detêm seu significado dentro do código interno que baliza especificamente o domínio da instituição. Cada nova regra suscita uma nova categoria de desvio e dispõe as condições para emergência de novos processos de acusação. A interna vive num mundo de normas institucionais particulares, mas que reexprime, numa linguagem diversa, princípios de categorização basicamente similares aos da sociedade abrangente: a ideologia do "empresário moral" só pode atingi-la porque participam ambos, embora de forma antagônica, do mesmo universo simbólico e do mesmo sistema de ação. A interna afinal se pensa e se faz pensar como é interpretada pelo outro, colocando-se numa espécie de desvio institucionalizado, uma vez que ali se destilam os requisitos necessários à reafirmação das categorias sobre as quais se organiza a instituição.

Construído sobre uma ideologia de reintegração, mas ele próprio estruturado para preservar a condição de desvio que se propõe contraditoriamente a sanar, a lógica do sistema que se desvenda no Abrigo Feminino encontra a sua explicação na própria exigência de ordenação do mundo social: o Abrigo Feminino não opera para dissolver barreiras na organização social porque essas barreiras são parte integrante do sistema de diferenciação e classificação social ao qual serve o Abrigo e para o qual a eliminação da categoria dos desviantes constituiria a própria anulação da existência dos normais.

REFERÊNCIAS BIBLIOGRÁFICAS

BECKER, Howard. *Outsiders: Estudos de sociologia do desvio*. Rio de Janeiro, Zahar, 2008.

_______. *The Other Side*. Nova York, The Free Press of Glencoe, 1967.

DOUGLAS, Mary. *Purity and Danger*. Londres, Penguin Books, 1970.

_______. *Witchcraft, Confessions and Accusations*. Tavistock Publs., 1970.

GOFFMAN, Erving. *Asylums*. Nova York, Doubleday Co., 1961.

_______. *Estigma* (trad.). B.A. Amorrortu Ed., 1970.

VELHO, Gilberto. "Estigma e comportamento desviante em Copacabana", in *América Latina*, 1971. (Ver capítulo 6 deste livro.)

3. "Alunos excepcionais": um estudo de caso de desvio

Dorith Schneider

I. Introdução

Este é um estudo dos chamados "Alunos Excepcionais" ou "Atrasados Especiais", geralmente também denominados "deficientes mentais educáveis"*. Os AE constituem um contingente considerável do total de crianças matriculadas nas escolas do Estado da Guanabara, aproximadamente 15.000 de um total de cerca de 500.000 crianças que frequentam as escolas primárias públicas, ou seja, quase 3%. Os AE formam um grupo marginalizado entre a população escolar. Durante as aulas, são fisicamente separados das outras crianças, sendo educados por professoras próprias em salas de aulas à parte. Além disso, acompanham um tipo diferente de programa de estudos, de maneira tal que seus níveis não correspondem geralmente aos que seguem as demais crianças. Este trabalho é pesquisa sobre a situação social de uma categoria de crianças estigmatizadas e caracterizadas como desviantes. É uma tentativa de mostrar como o rótulo do desvio é sobreposto à criança, como a própria estrutura e ideologia do sistema devem

* Este é um trabalho final de curso da disciplina de *Teoria Antropológica II* ministrada pelo professor Gilberto Velho no Programa de Pós-Graduação em Antropologia Social do Museu Nacional da Universidade Federal do Rio de Janeiro. O material aqui apresentado foi colhido no meu trabalho de pesquisa para elaboração da dissertação de mestrado a ser apresentada no Programa sob a orientação da professora Neuma Aguiar. Parte dos dados aqui apresentados e outros dados pertinentes a este assunto são também enfocados na referida tese.

sempre confirmar e perpetuar este rótulo, e como ele, eventualmente, se prolonga durante a vida adulta. Do ponto de vista antropológico, este é um estudo dos sistemas de classificação ou representação e uma análise de seus princípios taxonômicos subjacentes.

II. O que é um AE?

Antes de mais nada, gostaria de explicar o que se entende pelo termo AE, já que é termo que apenas adquire significado no contexto institucional da escola, e já que o leitor pode não estar com ele familiarizado.

O AE não apresenta anormalidade externa alguma. Tem dificuldade no aprendizado da leitura e da escrita (denominada dislexia)* e, no decorrer do processo, frequentemente confunde as letras (confusão chamada dislalia). Seu aprendizado é lento. Na realidade, uma criança só pode ser diagnosticada como AE com um mínimo de 8 anos de idade e depois de ter frequentado dois anos de escola sem apresentar nenhum progresso significativo. Quando uma professora crê que um de seus alunos é incapaz de acompanhar o currículo e suspeita que tal coisa se deve à falta de inteligência, preenche uma ficha de encaminhamento, que é enviada às orientadoras dos AEs do seu Distrito Educacional. A ficha é, em seguida, examinada por três orientadoras, que decidem se a criança deve fazer o teste de inteligência oficialmente aceito (Teste de Nível Mental - TNM - Gille), ou não. As orientadoras procuram selecionar apenas os deficientes mentais "reais" para o

* "A dislexia é uma perturbação caracterizada fundamentalmente pelas dificuldades de aprendizagem na leitura. É um distúrbio complexo, com implicações neurológicas e emocionais." Citação em um folheto oficial sobre o Teste ABC (Teste de Maturidade) do Instituto de Educação.

teste de Gille; os restantes são classificados somente como portadores de distúrbios emocionais ou psicológicos e, habitualmente, reenviados às turmas comuns. Uma vez selecionada para o teste, a criança que fracassa é então oficialmente classificada como AE e será, no ano escolar subsequente, colocada em uma "Turma Especial".

Este é o procedimento padrão para a seleção dos AEs. Em muitos casos, entretanto, à criança não são concedidos os dois anos completos, estipulados oficialmente. Pode-se verificar, por exemplo, que, imediatamente após ingressarem na escola, as crianças são divididas nas categorias "matura" e "imatura"*. A pessoa que assim as define é a professora. Nenhum teste é aplicado a não ser nos casos de dúvida, quando então a professora solicita aplicação do teste oficial de maturidade (Teste ABC). O exame da classificação das crianças como "maturas" e "imaturas" adquire importância na medida em que a grande maioria dos AEs é classificada como tal no decorrer de seu primeiro ano de vida escolar. As crianças "imaturas" têm probabilidade muito maior de se tornarem futuros AEs do que as outras crianças. Crianças "imaturas" são descritas como "fortes candidatos" às turmas de AEs. Uma vez nas turmas de imaturos, o programa de ensino é reduzido à pintura, ao desenho e às atividades gerais de jardim de infância, com pouca ou nenhuma instrução de leitura e escrita; portanto, as oportunidades de terem um desempenho tão bom quanto o dos "maturos" são limitadas, desde o início. Dou, como exemplo, a história de uma turma. As crianças haviam ingressado na escola em março de 1971 (grupo de idade de 6 anos), e a maioria foi, imediatamente, encaminhada para a turma de imaturos. Em março de 1972 eram ainda analfabetas, pois não se lhes haviam ensinado

* Maturo = apto para o ensino da leitura e da escrita. A turma é chamada "Classe de Alfabetização – Imatura" – antigamente "Classe Preliminar – C.P.".

a ler e a escrever. Finalmente, nos meses de março de 1972 a junho de 1972 (primeiro semestre de 1972) iniciou-se o aprendizado da leitura e da escrita. Por volta do princípio de agosto, a professora já decidira quais as crianças que desejava diagnosticar como futuros AEs. (Todas as fichas de encaminhamento deviam ser remetidas até setembro, uma vez que o teste de Gille é aplicado em outubro.) Desta maneira, aos AEs não foram concedidos os dois anos completos de escolarização para provarem sua habilidade na escola. Em virtude desta primeira classificação (não se pode saber se uma criança é capaz de ler e de escrever a menos que se comece tal ensino), seu progresso foi abruptamente interrompido em seus primeiros meses de escola, artificialmente retardado durante um ano e, finalmente, avaliado depois de somente quatro meses de desempenho.

É importante mencionar, a esta altura, que o grande número de crianças não diagnosticadas como AEs também exibe todos os sintomas do aprendizado lento, isto é, não apresenta qualquer progresso significativo depois de dois anos na escola. O número de repetentes é imenso. Na verdade, de acordo com dados estatísticos do Instituto de Pesquisas Educacionais, cerca de metade das crianças repete seu primeiro ano escolar ("O nível I continua apresentando os menores percentuais de promoção, constituindo-se num eterno desafio ao planejamento educacional do Estado.") e muitos o repetem uma segunda vez, e mesmo uma terceira vez*. Esta grave situação do ensino no primeiro ano primário – considerada "catastrófica" segundo os critérios da Unesco, e que se aplica a todo o País – levou a uma pesquisa feita pelo Instituto Nacional de Estudos Pedagógicos entre 1967 e 1971 para investigar as razões dessa taxa tão baixa de alfabetização (uma das mais bai-

* Instituto de Pesquisas Educacionais, *O comportamento do sistema de ensino da Guanabara às vésperas da reforma*, 1971.

xas da América Latina). Alguns resultados dessa pesquisa – que só recebi depois de ter escrito este artigo – são apresentados no Apêndice*. Dada essa grande quantidade de repetentes, por que somente alguns são indicados ao Teste Gille? Trata-se de uma pergunta importante, que será examinada minuciosamente na seção 4.

O AE é um "deficiente mental educável", isto é, o seu Q.I. se situa entre 50 e 79 na escala de inteligência (segundo os critérios do TNM Gille). Crianças com Q.I. superior a 80 são consideradas normais e não percorrem turmas especiais**. Uma das características do deficiente mental educável é, supostamente, sua baixa idade mental quando adulto ("idade mental na fase adulta entre 7 e 12 anos"). Em outras palavras, o AE não é considerado simplesmente uma criança "inteligente que se atrasou", mas sim uma criança "diferente" das demais; portanto, não se trata de uma diferença quantitativa, mas qualitativa. Também se afirma que ele exibe certas características típicas, tais como turbulência, agressividade, tendência à frustração, teimosia etc. As professoras geralmente o descrevem como indisciplinado ou totalmente apático ou estranho, isto é, como apresentando todos os sinais de "distúrbio de conduta". O quadro inclui igualmente fatores como "falta de concentração" e "inquietação".

Espero que esta breve descrição possa ter auxiliado o leitor a "familiarizar-se" com este grupo de crianças e com o seu progresso acadêmico.

---

* "Melhoria de rendimento do ensino no primeiro ano" – Monografia do Instituto Nacional de Estudos Psicológicos, Ministério da Educação e Cultura, 1971.

** Crianças com um Quociente de Inteligência abaixo de 50 são "alunos treináveis" (AT) – na maioria mongoloides – e não foram consideradas neste estudo.

III. Desvio e patologia: algumas considerações teóricas

Procedo agora a um breve exame de duas afirmações feitas acerca dos desviantes em geral, e dos AEs em particular, com respeito à sua conduta perturbada e anormal:

a) que é um desviante devido a uma condição patológica inerente (patologia individual ou pessoal), ou
b) que é um desviante porque foi contaminado por um meio ambiente patológico (patologia social).

Iniciando pela primeira: este ponto de vista repousa, obviamente, em uma analogia com a medicina. "Diz-se do organismo humano, quando funciona eficientemente e não experimenta desconforto algum, que é saudável. Quando não funciona eficientemente, existe alguma doença. O órgão ou função que se desregulou é considerado patológico. Naturalmente, há pouco desacordo quanto ao que constitui um estado saudável do organismo. Mas há muito menos acordo quando se emprega a noção de patologia analogicamente, para descrever tipos de comportamento que são considerados desviantes. Com efeito, não há acordo quanto ao que constitui comportamento saudável. É difícil encontrar uma definição que satisfaça mesmo um grupo seleto e reduzido como o dos psiquiatras; é impossível encontrar uma que seja aceita por todos em geral, como se aceitam critérios sobre a saúde para o organismo."*

Afirma-se que o AE exibe os sinais e sintomas típicos de sua condição patológica, mas ver sinais de uma "doença" não é ver objetivamente. De fato, qualquer tipo de comportamento pode ser invocado como sinal e, portanto, como prova de anormalidade.

* Howard Becker, *Outsiders: Estudos de sociologia do desvio*. Rio de Janeiro, Zahar, 2008.

Frequentemente, é possível observar que, uma vez colocada, a definição de uma criança como "excepcional" permeará todas as interpretações subsequentes de seu comportamento real. Se uma criança normal é barulhenta, trata-se de simples "bagunça"; se um AE é barulhento, trata-se de um "sinal" de sua "doença".

Como assinalou Becker, os mesmos tipos de problemas ocorrem no campo da psiquiatria. O psiquiatra Ronald Laing, por exemplo, observa: "Desejando ser mais 'científico' ou 'objetivo', o psiquiatra clínico pode tentar limitar-se ao comportamento 'objetivamente' observável do paciente à sua frente. A resposta mais simples quanto a este aspecto é que isto é impossível... Não podemos deixar de ver esta pessoa de uma maneira ou de outra, e de sobrepor nossas construções mentais ou interpretações ao 'seu' comportamento assim que com ele estabelecemos uma relação."* Erving Goffman se expressa de maneira semelhante acerca do diagnóstico das doenças mentais: "Habitualmente o aspecto patológico que primeiro chama a atenção para a condição do paciente é a conduta que é 'inapropriada na situação'. Mas a decisão quanto à propriedade ou impropriedade de um determinado ato deve, necessariamente, ser a decisão de um leigo simplesmente porque não dispomos de mapeamento técnico das várias subculturas comportamentais em nossa sociedade, nem mesmo de padrões de conduta prevalecentes em cada uma delas..."** Se substituirmos o termo "paciente" por "AE", a relevância particular deste trecho será bastante clara. Em outras palavras, o que constitui o patológico deve ser uma avaliação subjetiva porque não lidamos com uma ciência exata – não dispomos de padrões de "saúde" no domínio do social.

---

* Ronald D. Laing, *The Divided Self*. Londres, Tavistock Publications, 1969, p.31.

** Erving Goffman, *Asylums, Essays on the Social Situation of Mental Patients and Other Inmates*. Nova York, Doubleday and Company, 1961, p.363-4.

Assim, o que foi dito sobre a patologia individual será, é claro, também válido para a patologia social. Ela é, essencialmente, o mesmo conceito baseado em noções de "doença" e "disfunção", apenas agora elevado ao nível grupal. Gostaria aqui de discutir um aspecto particular da patologia social chamado "privação cultural". De acordo com a teoria da privação cultural, o fracasso na escola é resultado de diferenças intelectuais qualitativas das classes baixas, devido a deficiências em sua experiência cultural e familiar. Com respeito aos AEs que vivem em favelas, esta teoria apresenta atrativos especiais. Assim, diz-se que não podem ter êxito na escola porque seus lares não lhes podem proporcionar educação apropriada, pois não lhes incutem os valores corretos, são culturalmente "vazios" etc. Tais afirmações são, em geral, feitas simultaneamente com declarações acerca de subnutrição e ausência de cuidados médicos. Contudo, isto é confundir pobreza material e física com pobreza cultural. A subnutrição pode ser medida por nutricionistas, mas a privação cultural é uma avaliação subjetiva de estilos de vida culturalmente inferiores (inapropriados).

A privação cultural goza de certa popularidade como ideologia educacional e, por este motivo, talvez seja conveniente ocupar-me com ela ainda por um momento. Qualquer estudo "objetivo" de privação cultural é particularmente difícil porque há problemas especiais envolvidos na análise de grandes grupos populacionais cujas maneiras de viver não são familiares ao pesquisador. Trata-se de problemas metodológicos e de ausência de dados confiáveis. Ernest Drucker, por exemplo, refere-se a procedimentos de pesquisa portadores de *bias* de classe média, que devem pôr em dúvida quaisquer dos chamados "fatos" acerca do raciocínio e potencialmente a tais instrumentos educacionais "objetivos", como os testes de inteligência (baseados nos métodos de Binet, o precursor francês da moderna escala de inteligência, e os mais empregados atualmente), Drucker salienta: "O uso de procedimentos de avaliação da inteligência como base de diferenciação entre indivíduos é uma espécie de teste divisor cultural, que serve à simples função social de escrutinizar e selecionar indivíduos que podem reagir adequadamente a um sistema educacional determinado, com seus pontos de vista particulares acerca do que constitui inteligência e estilo geral de comportamento. Tais medidas servem à finalidade de selecionar e, mais, de moldar aqueles indivíduos de qualquer classe social em um certo *estilo* de pensamento que é, subsequentemente, defendido como o de desenvolvimento superior .... Uma técnica, cuja função básica e intencional é proceder a uma discriminação social, é considerada como instrumento de mensuração objetivo de diferenças quantitativas em dimensões básicas da competência intelectual. O círculo da mistificação se completa quando este guardião é chamado, como testemunha, para atestar a validez e superioridade do sistema a que serve. Os fracassos observados são, então, atribuídos à 'privação' da vida ou experiência cultural dos sujeitos afetados. Contrariamente, o 'sucesso' se deve ao conteúdo enriquecido e aos estilos de vida superiores do grupo dominante."* Quanto aos outros aspectos "negativos" da vida da classe baixa, Anthony Leeds declara que "traços" da cultura da pobreza, tais como incidência elevada de alcoolismo, incidência relativamente alta de abandono das crianças por parte das mães e alta predisposição ao autoritarismo não são características de uma classe, podendo ser encontradas em todas as classes.**

Quanto a dados confiáveis, David Matza, em *Becoming Deviant*, assinala que os estudos sobre a relação entre pobreza e patologia devem ser considerados com cautela, em virtude da imprecisão

---

* Ernest Drucker, "Cognitive Styles and Class Stereotypes", in Eleanor Leacock (org.), *The Culture of Poverthy: A Critique*. Nova York, Simon and Schuster, 1971, p.50.

** Anthony Leeds, "The Concept of the 'Culture of Poverty': Conceptual, Logical and Empirical Problems with Perspectives from Brazil and Peru", in *The Culture of Poverty: A Critique*.

e da escassez de dados estatísticos sobre os estilos de vida dos pobres. Os sociólogos tendem a se basear em estimativas oficiais para avaliar o contingente de indivíduos desviados, procedimento metodológico cujo valor é duvidoso, desde que as agências oficiais de registro e controle se encontram bastante comprometidas no processo pelo qual os outros se tornaram desviantes. Além destes, há os problemas de interpretação dos dados estatísticos; Matza afirma que se podem tomar seriamente as estatísticas oficiais sobre o desvio nas favelas mais desorganizadas e concluir que os indivíduos antes se prendem a convenções do que recorrem à conduta desviada.

É, portanto, possível afirmar que a analogia do desvio com a patologia individual e social não é satisfatória e que a falácia básica deste tipo de interpretação é a de que "abarca conceitos que não são verdadeiros para o fenômeno e não chega a esclarecê-lo".*

Chegamos, assim, ao argumento central deste trabalho, que o desvio é criado pela sociedade; isto é, tal pessoa é desviante porque o rótulo do desvio foi a ela sobreposto com êxito. O desvio não é uma característica que seja encontrada no indivíduo, mas um veredicto enunciado acerca desse indivíduo por um grupo social. Consequentemente, a finalidade deste trabalho não é concluir em definitivo se o AE é "realmente" uma criança deficiente mental, mas examinar a deficiência mental como um fenômeno sociológico, como uma definição social. Lewis A. Dexter resumidamente se refere a este aspecto: "É bastante possível que haja dano cerebral que afete todos os deficientes mentais, que não apresentem outras anormalidades fisiológicas, e que tal seja posteriormente comprovado. Mesmo supondo que assim seja, o dano cerebral não é, necessariamente, o ponto central... para o homossexual empre-

* David Matza, *Becoming Deviant*. Nova Jersey, Prentice-Hall Inc., Englewood Cliffs, 1969, p.44.

gado em uma agência federal, a sociologia das atitudes para com o homossexual é muito mais relevante do que a base fisiológica (se é que há alguma) de seu desvio; o mesmo se dá com a grande variedade de deficientes mentais, podendo as atitudes para com suas aflições importar muito mais do que sua gênese".* Como no caso dos homossexuais citados por Dexter, a existência de base fisiológica para seu "desvio" não é importante. Se a sociedade ignorasse seu comportamento e não os estigmatizasse, isto é, se os tratasse exatamente como qualquer outra pessoa, então não haveria, sociologicamente falando, algo como a homossexualidade.**

Quanto ao que se refere aos AEs, mostrarei, na seção seguinte, que são desviantes porque o rótulo do desvio foi, com sucesso, a eles sobreposto. Que assim são as coisas, talvez já tenha sido demonstrado pelo fato de que na maioria das escolas privadas (frequentadas por crianças das classes média e alta, em contraposição às escolas primárias públicas) não há AEs. Quero ser mais específica: não é que alguma lei especial da natureza tenha abençoado as classes superiores com uma prole mais inteligente. Crianças cujo aprendizado é lento são, é claro, encontradas em todas as classes. Mas quando uma criança de classe média se atrasa na escola, os pais agem imediatamente, isto é, pagam aulas particulares, consultam um psicanalista etc. Tanto a escola quanto os pais tentam "compreender". Descreve-se a criança como "apenas" provável

---

* Lewis A. Dexter, "On the Politics and Sociology of Stupidity in our Society", in *The Other Side*, por Howard Becker (org.). Nova York, The Free Press of Glencoe, 1964, p.49. O artigo de Dexter descreve uma sociedade utópica na qual indivíduos feios ou desgraciosos são discriminados (com um Teste de Quociente de Graça correspondente – Q.G.). Nesta sociedade os desgraciosos constituem os desviantes.

** Pode-se dar outro exemplo: há pessoas louras e morenas; sabemos que há diferença fisiológica entre elas – falta pigmentação nas pessoas louras; mas, em consequência disso, não as tratamos diferentemente ou discriminamos. Portanto, não são desviantes. Note-se que isto não se aplica (ou se aplicou) necessariamente às pessoas ruivas.

portadora de distúrbios emocionais. Nenhuma categoria especial é criada na escola e nenhum estigma é sobreposto a tomar aulas particulares ou a consultar um analista. O desvio não é institucionalizado. Portanto, não se encontrarão, oficialmente, crianças de aprendizado lento (AEs) nas escolas privadas; não tendo sido como tal definidos, não existem, portanto, sociologicamente falando.

IV. A carreira do AE

O que se segue é uma análise de processo de diferenciação social mediante o qual crianças são classificadas nas categorias "normal" e "excepcional". Estas categorias constituem a base do sistema de representação em exame.

Pode-se observar que o processo classificatório principia a atuar em uma fase bastante inicial da carreira escolástica da criança. Já nos primeiros meses de vida escolar, as crianças são divididas nas categorias "maturo" e "imaturo". É importante chamar atenção para este primeiro exemplo de diferenciação porque ele constitui uma espécie de "antecipação do desvio" e porque demonstra uma alta predisposição do sistema para classificar e categorizar. Ver-se-á como o conceito de imaturidade serve como um primeiro indicador de "distúrbio da conduta", isto é, de ser "excepcional".

Oficialmente, a imaturidade é definida como não estar apto, orgânica e intelectualmente, para a alfabetização. Esta definição, contudo, é frequentemente confundida com outra, referente a comportamento e conduta "inapropriados", por exemplo, ser turbulento, inquieto, barulhento etc. (ou seja, conduta que é perturbadora para a professora); sinais desta última são considerados como provas da primeira. A imaturidade pode, assim, ser imediatamente "reconhecida", como se se tratasse de um fenômeno fisiológico externo, que dispensasse o emprego de testes. Além disso, ela constitui o primeiro sinal de aviso de que um AE potencial poderá ser encontrado. Tal ficou patente nas conversações que mantive com professoras das turmas de "imaturos", uma das quais é útil reproduzir aqui. Comecei perguntando:

– A senhora aplicou o teste ABC a estas crianças?

– Não, o teste ABC só é aplicado em casos de dúvida. Mas, depois de muitos anos de ensino, a gente adquire experiência. Quando comecei com estas crianças, pude ver que a maioria delas era imatura. Estava na cara. Só tive dúvidas em uns poucos casos. E então apliquei o teste.

– Está ensinando-as a ler e a escrever?

– Não. Elas não têm condições para a alfabetização. Absolutamente não sabem como se comportar. Olha esta menina, ela fica vindo aqui para a frente para falar comigo, ou aquela, ainda chupando o dedo, igual a um bebê. E os meninos, sempre correndo e brigando.

– Nunca as ensinou a ler e a escrever?

– Não. Como já disse, não dá para alfabetizá-las; elas são imaturas demais; só posso fazer certas coisas com elas, pintura, recorte etc. Mas nada de alfabetização.

– Então elas só vão ficar maduras daqui a um ano?

– Bom, só algumas.

– Quantas?

– Umas dez ou doze; um terço da turma, eu acho. Já dá para ver que elas vão se desenvolver melhor.

– O que vai acontecer com o resto no ano que vem?

– Oh, no ano que vem elas provavelmente vão tomar o teste de Gille e depois vão para as "turmas especiais".

– Então, a senhora acha que elas vão ser AEs?

– Sim, muito provavelmente. Já está na cara. Nós podemos dizer quase imediatamente.

Tendo passado um ano na turma de imaturos, a criança é transferida para as turmas denominadas "1ª série analfabeta", quando começa a alfabetização. Estas turmas constituem a fase mais importante na seleção dos AEs. É no decorrer deste ano que são mais particularmente escrutinizados por suas professoras, que suas fichas de encaminhamento são preenchidas e avaliadas, e que o teste de Gille é aplicado. Todas as crianças indicadas para a aplicação do teste de Gille para a série em exame provinham da "1ª série analfabeta". Por esse motivo decidi concentrar meu trabalho nessas turmas em particular e conversar com o maior número possível de suas professoras.

O critério mais importante para a seleção de um AE deveria ser seu desempenho e progresso acadêmicos. Logicamente, desta maneira, qualquer criança "lenta" é um candidato em potencial. E, como assinalamos na segunda seção, há um grande número de crianças que é "lento" (atrasado). Mas para se ajustar à categoria AE, uma criança deve ser "especialmente lenta"; em outras palavras, deve exibir um tipo determinado de comportamento acadêmico – atraso especial – que pode ser objetivamente distinguido do mero "atraso". Mas aqui tocamos o ponto central do problema: cada professora avalia "atraso especial" diferentemente, cada uma tem sua própria opinião sobre o que ele significa. E não poderia ser de outro modo, já que não há regras gerais (nenhum padrão de medida preciso) para se precisar onde termina o "atraso" e começa o "atraso especial". Este é o fator crucial sobre o qual o fracasso do processo de seleção repousa, em última análise. De fato, o problema é de ordem geral e sempre surgirá quando se trata da classificação de comportamento social, pois, no nível teórico é fácil apontar a diferença entre "o Deficiente" e "o Normal"; a dificuldade começa no nível empírico, quando se torna necessário decidir se um caso *específico* cabe ou não, na categoria "Deficiente", i.e., se a criança exibe sinais suficientes de comportamento anormal para ilustrar "o Excepcional".

Em consequência, apenas algumas das crianças encaminhadas para o teste de Gille são totalmente analfabetas: algumas estão começando a aprender suas primeiras letras e muitas se encontram já no caminho da alfabetização. O processo de seleção produz, assim, uma "coleção variada" de crianças, que impede qualquer possibilidade de identificação espontânea e inequívoca.

Mais ainda, outros fatores devem entrar em jogo; eles se referem a dois tipos de comportamento logicamente não relacionados ao potencial de aprendizagem. São eles: comportamento socialmente inaceitável na sala de aula (turbulência ou o seu oposto, a apatia) e comportamento anormal (alheamento, conduta irracional etc.). Estes são englobados na rubrica "distúrbio de conduta" e também qualificam uma criança para a categoria AE. (Donde comentários como: "Ele lê e escreve direitinho, mas ainda assim é um AE.") Temos, portanto, três definições diferentes de um AE, correspondentes a três tipos diferentes de comportamento:

1. Ele é um "atrasado especial"	(comportamento relacionado a desempenho acadêmico)
2. Ele é problemático	(socialmente "inaceitável" ou tem comportamento "inapropriado" na sala de aula)
3. Ele é estranho	(comportamento anormal, conduta irracional)

Qualquer uma dessas definições pode ser invocada para distinguir um "desviante" de uma criança "normal".

A "1ª série analfabeta" apresenta, pois, uma situação ideal para a observação do processo classificatório, porque ela é o *forum* no qual as categorias básicas do sistema se encontram, tanto física quanto ideologicamente. No decorrer de uns poucos meses se pode observar como elas se "cristalizam". O futuro AE é gradualmente reduzido, por assim dizer, a um escolho de desvio num mar de normalidade. Durante a maior parte deste tempo, o AE potencial leva uma existência apagada. Encontra-se numa posição liminar de "não mais normal mas ainda não excepcional". Ele é ambíguo, não tem classificação. Essa ambiguidade acentua e exacerba sua condição de marginalidade. É relegado à periferia, ideológica e fisicamente – vários AEs potenciais podem ser vistos sentados sós, no fundo da sala, postos no ostracismo tanto por professoras quanto por colegas. Esta situação também leva à confusão, por parte da professora, no que diz respeito ao modo como tratá-lo, que se expressa nos seguintes termos: "Não sei o que fazer com ele." A confusão é, às vezes, "resolvida" pelo não relacionamento total com a criança, isto é, pela ignorância de sua presença. Desde que não existe como uma categoria, também não existe como indivíduo. Ninguém pode relacionar-se com uma não pessoa. Esta situação é inevitável, pois é, por assim dizer, estruturalmente inerente ao sistema, porque a separação ideológica da criança deve sempre preceder sua separação física.

Abaixo, alguns exemplos do que aconteceu em turmas "1ª série analfabeta":

Em uma turma, nove crianças (sobre um total de 23) foram indicadas para o teste. Seis dos futuros AEs estavam presentes. Eram totalmente ignorados e não participavam das atividades da classe. Consequentemente alguns ficavam num estado constante de agitação e outros, apáticos. Perguntei à professora por que os havia selecionado para o teste:

> – Bem, eles são diferentes. São esquisitos. Olha aquela menina, ela é um caso típico. Um dia escreve e lê perfeitamente, no dia seguinte não produz nada. É realmente um caso para o Gille.
>
> – Mas todos eles são esquisitos?
>
> – Bem, não, não todos. Alguns só são terrivelmente atrasados.

Explicou-me que eles provinham de turmas de "imaturos" e não sabiam nada. De março a julho, começaram a aprender lentamente. Mas as outras crianças estavam mais adiantadas e viu-se obrigada a deixá-los de lado para se concentrar nas outras, melhores. Ficaram piores ainda, de modo que ela voltou a trabalhar com eles, parece que com proveito; mas isto começou a atrasar as melhores e, finalmente, ela desistiu. Em princípios de agosto, já se decidira a respeito das crianças. Foi bastante sincera e admitiu que as condições de sua escolarização não haviam sido ideais, mas, já que eram "elementos perturbadores" na sua turma, achava melhor que fossem removidos.

Em outra turma, seis outras crianças haviam sido indicadas, das quais duas eram assíduas. Uma delas era um menino quieto e tímido, que só se sentava no fundo da classe. Quase nunca sorria e me explicaram que ele era rejeitado pela turma. (Durante a merenda, também se sentava sozinho.) Era totalmente ignorado durante a maior parte do tempo. Sua caligrafia era atroz, mas com um pouco de esforço se podia decifrar o que ele havia escrito. Tentava acompanhar os ditados que, entretanto, nunca foram corrigidos. Perguntei à professora se havia outras crianças que também não apresentavam grandes progressos. Apontou na direção de um menino e disse:

> – Vê aquele ali, ele também não aprende, não rende nada, não se lembra de nada, mas não é um AE.
>
> – Como?
>
> – Bem, ele é "vivo". Ele é brincalhão, gosta de fazer piadas. Só é imaturo. Mas é vivo. O AE não é.

Depois me mostrou um outro candidato. Era um menino que, assim que entrava na sala de aula, punha os braços sobre a carteira e começava a dormir. Também se sentava só. Foi-me descrito como "zero absoluto", deficiência mental total. Decidi acordar o menino e pedir que se sentasse junto a mim. Começamos a conversar um pouco; depois eu lhe dei meu lápis e comecei a ensinar-lhe. No começo, ele estava envergonhado e não quis fazer nada, mas logo depois se animou. Aprendeu as letras "o", "a" e "v", embora com dificuldade. Tinha dificuldade especial com a letra "b", confundindo-a com "d". Eu lhe expliquei que na letra "b" o traço vinha primeiro e o pequeno círculo depois. Tentou outra vez e escreveu um "d", pensou um instante – e então virou a página! Na verdade, desta vez o traço veio primeiro e o círculo em seguida! Depois disso, só queria continuar a aprender a escrever. Disseram-me, algumas semanas depois, que nunca voltara a dormir durante as aulas e que estava copiando do quadro-negro, embora não pudesse ler o que escrevia.

Em outra turma me afirmaram que todas as crianças deveriam ter de repetir a série escolar porque seu aproveitamento fora bastante insignificante. Algumas seriam AEs. Um exercício para o aprendizado dos dígrafos "nh" e "ch" estava sendo apresentado. No quadro-negro, estava escrito "bi...o" e "mi...a", para que as palavras "bicho" e "minha" fossem formadas. Tendo-o feito, as crianças eram chamadas à frente para mostrarem se haviam escrito corretamente as palavras. Ao invés de escrever "bicho" e "minha", o menino formou suas próprias palavras. Eram "bigode" e "mímica". A reação da professora foi de irritação extrema: – Você não presta atenção. Essas palavras não foram pedidas.

Riscou-as e ordenou que voltasse a sentar-se. Perguntei-lhe por que havia selecionado aquele menino como um AE.

– Bom, você mesma pode ver, não há jeito de ele se concentrar. Esse é o problema de todos os AEs.

– Mas parece que ele escreve bem direitinho.

– É, mais ou menos. Nenhum deles é totalmente nulo. Mas está na cara.

Fiquei intrigada.

– Ele é um pouco fora do normal. Dá para sentir. É intuitivo. E ele é atrasado.

Entrevistei várias professoras fazendo as mesmas perguntas e habitualmente recebendo as mesmas respostas. "Está na cara", "pode-se reconhecer um AE imediatamente", "eles são estranhos". O termo "estranho" ou "esquisito" frequentemente se referia a um tipo específico de comportamento anormal – à idiotia. Uma professora, por exemplo, disse:

– Tenho um menino que é realmente um AE, mas ainda não o indiquei. Gostaria que você desse uma olhada nele para ver o que acha. Ele tem uma maneira engraçada de rir e de coçar a cabeça. – Imitou-o. – Ele nunca ouve a gente, não consegue contar uma história sem se atrapalhar todo.

– Ele sabe ler e escrever?

– Sim, por incrível que pareça, ele sabe ler e escrever.

Encontrei uma exceção. Uma professora negou que se pudesse fazer uma distinção básica entre AEs e normais.

– Há tantos alunos fracos, como é que se pode saber se um deve ser repetente e outro AE? Já vi muitas vezes alunos melhores nas turmas de AEs do que nas de normais. Tudo isso é uma grande confusão.

– Alguma vez recomendou uma criança para o teste?

– Não. Sempre recusei. É uma responsabilidade muito grande. Nós não sabemos o bastante sobre elas. E, uma vez colocados na turma AE, nunca mais saem. Mas as crianças se recuperam. Muitas vezes é só um problema emocional. Já vi isso muitas vezes. Deveriam ser retestadas periodicamente, não uma só vez na vida.

Encontrei um caso semelhante, conquanto a ênfase fosse mais dirigida à inadequação do teste de Gille como instrumento preciso para a mensuração da inteligência. Sua turma tinha 28 crianças, com um grande número de repetentes. Nas fichas de matrícula, estava registrado que 13 dentre elas haviam frequentado a escola durante dois anos; seis, por três anos; oito, por quatro, e uma, por cinco – e ainda se encontravam ao nível da "1ª série analfabeta". (Esta turma não era uma exceção; havia inúmeras com uma composição semelhante.) Oito crianças deveriam repetir o ano, mas nenhuma seria indicada para o teste. Perguntei à professora o porquê:

> – Ah, se fizerem, vai dar AE mesmo. É muito difícil. – Depois brincou: – Acho que se eu fizesse também daria AE. – Continuou: – Os problemas dessas crianças são sociais, sabe como é: pobreza, a família e por aí. Isso já é tão ruim, que eu não quero que seja pior marcando-as para o resto de suas vidas como AE. E, de qualquer modo, às vezes elas podem melhorar. Pode acontecer de repente.

Explicou-me que as crianças precisavam ser estimuladas.

> – Eu estou deixando muitas passarem para a "1ª série alfabetizada" no próximo ano, não porque sejam boas, mas porque vão ter um empurrão e vão ser estimuladas. Depois de muitos anos elas se cansam do programa da "1ª série analfabeta".

A professora anota todas as suas observações na ficha de encaminhamento. Desta maneira, sua opinião é institucionalizada e adquire uma posição estratégica no processo de seleção. A ficha é um "rótulo" tanto literal quanto metaforicamente. Contém um grande número de perguntas sobre o aluno, mas já há subjacente às perguntas um "modelo" básico do AE típico, do "desviante típico". Portanto, embora se solicite uma descrição individual e independente da criança, a tendência será sempre em direção de uma descrição estereotipada.

A ficha consiste em vários itens, dos quais os mais importantes podem ser aqui reproduzidos (a resposta à maioria das perguntas é "sim" ou "não"). Inicia por perguntar endereço e data de nascimento da criança, nome da professora e da escola, frequência do atendimento às aulas e razões das ausências (por exemplo, doença, trabalho, falta de interesse por parte da família, residência demasiado afastada da escola; ou sem justificativa). Seguem-se itens sobre o desempenho escolar, se a criança se interessa pelas atividades escolares etc. Então, vem:

Atenção	(É capaz de: transmitir recados; cumprir ordens etc.)
Memória	(Reproduzir uma história; reproduzir movimentos; apontar mudanças na localização de objetos etc.)
Raciocínio	(Estabelecer a sequência de fatos no tempo, por exemplo, semente-planta-árvore; estabelecer relações de causa e efeito; estabelecer relações de semelhança entre objetos, por exemplo, leite, carne, pão como alimentos; margarida, rosa, cravo como flores etc.)
Percepção	(Discriminar sons; discriminar formas semelhantes; discriminar formas diferentes etc.)
Expressão oral	(Expressar-se bem; usar as palavras adequadamente; ter vocabulário adequado ao meio em que vive etc.)*
Controle motor	(Anda bem em linha reta; anda bem em curvas; apresenta movimentos associados desnecessários, por exemplo, morder a língua quando escreve.)

* Estes itens são considerados os mais importantes para decidir se uma criança deve ser submetida ao teste. Constam em uma folha separada, encabeçada por "Dados Essenciais", que se incluem em cada ficha. Os itens relativos à *conduta* são também com frequência incluídos no final da página.

Conduta	(Agressiva; dispersiva; apática; agitada; tímida; implicante; "viscosa"; ri à toa; chora à toa; ora alegre, ora triste; sempre triste; preguiçosa etc.)
Criatividade	(Dez itens, tais como: expressar-se através do desenho de forma original; é original no que faz ou diz, seus trabalhos, por exemplo, são diferentes?; é sensível ao meio que a cerca, por exemplo, vê, observa, sente? etc.)

(Não é surpreendente que na maioria das fichas examinadas as respostas aos itens de criatividade fossem praticamente "não" em todos os dez itens. Seria irreal esperar qualquer outra coisa, pois a definição negativa da criança como deficiente mental deve influenciar qualquer avaliação objetiva de capacidade criativa.)

Finalmente, há

Aparência física	(Apresenta boa nutrição; é pálida; aparenta ter bons hábitos de higiene etc.)
Origem familiar	(Pobreza; família desorganizada; irmãos desajustados; abandono pelos pais; doença mental na família; alcoolismo de um ou ambos os pais etc.)
Tipo de residência	(Casa; apartamento; conjunto residencial; favela.)

Os últimos itens perguntam com quem vive a criança, quem contribui para a renda familiar e "atitude da pessoa responsável pela criança" (interessado; reclama da criança; procura compreender a criança; comparece às reuniões). Por último, um espaço em branco fica livre para a professora responder à última pergunta: "A que atribui a dificuldade de aprendizagem deste aluno?" e para fazer seus comentários pessoais.

A ficha é, em seguida, avaliada pelas orientadoras, com especial atenção para os itens essenciais. Perguntei em que critérios a seleção se baseava finalmente, obtendo por resposta: "Quando suspeitamos que existe problema mental, solicitamos que a criança faça o teste. Ele mostrará se realmente é falta de inteligência, ou se é só um problema emocional. Quando se acredita que a criança não é um caso apropriado para o Gille, as sugestões seguintes são acrescentadas à ficha: possivelmente área psicossocial: atendimento psicológico ou assistência social, terapia da palavra. O que não quer dizer que a criança necessariamente receberá este atendimento.

O Gille é, então, de importância fundamental, sendo o instrumento social de diferenciação, que divide as crianças em suas categorias sociais respectivas. Os testes psicológicos estão fortemente implicados no processo de "rotulação" de crianças. Seria interessante discutir a própria ideologia dos testes e seus conceitos relativos a "normalidade" e "deficiência". Este trabalho não poderá compreender tal discussão e existe o problema adicional de que o conteúdo do teste não pode ser revelado. É bastante dizer que são os testes que têm "a palavra final" e que as próprias professoras, orientadoras etc. são, em última análise, vítimas dessa ideologia.

Os resultados dos julgamentos das fichas são então comunicados à escola e a data do teste marcada. A professora em seguida chama a criança em questão e manda um recado por escrito a seus pais, declarando que é da máxima importância que seu filho compareça em tal dia, a tal hora. Adverte-se à criança que não se esqueça de entregar o bilhete aos pais e que compareça no dia estipulado.

Segue-se a cerimônia de aplicação do teste. Esta é feita em segredo absoluto, com apenas a presença da orientadora e de uma auxiliar. Consequentemente, pouco se pode observar, a não ser que um grande número de crianças é testado simultaneamente e que a duração do teste, com intervalos, é de duas a três horas.

O teste é aplicado apenas uma vez durante a vida escolar da criança. Depois de cerca de um mês, chegam os resultados do Gille.* As escolas são informadas e as crianças que fracassaram, classificadas de acordo com os resultados para o próximo ano escolar, serão encaminhadas para as "turmas especiais".

V. A turma do AE

A chegada da criança a uma turma de AEs é o resultado lógico do processo classificatório anteriormente descrito. A segregação ideológica da criança se traduz agora em termos concretos; a turma as isola tanto física quanto geograficamente. Superficialmente, as turmas de AEs ainda fazem parte da estrutura mais ampla da escola, mas na prática já pertencem a uma outra estrutura, com chefia, professoras, reuniões, currículo, exames, níveis de classificação, diplomas e departamento próprios na Secretaria de Educação. É um sistema que desenvolveu seu próprio código. Constitui "um Estado dentro do Estado", uma instituição em uma instituição. Isto não quer dizer que a turma de AEs goze de status igual ao das outras turmas da escola (no sentido de "iguais porém lentos"). Ao contrário: do ponto de vista da escola como um todo, constitui uma "turma desviante", qualitativamente diferente das demais. Donde seu baixo prestígio e o fato de ser relegada a uma posição inferior na hierarquia da escola. O estigma que a turma sofre pode ser observado a partir do fato de que em muitas escolas não é permitida a participação em festividades da escola, por exemplo, solenidades cívicas, representações etc., um fato de que muitas professoras de AEs se ressentem.

* Das 3.006 crianças que fizeram o teste em 1972, 1.893 foram classificadas como AEs, isto é, aproximadamente 63%.

Qual a finalidade, a *raison d'être*, da "turma especial"? Primeiro há, é claro, a razão puramente negativa de expurgar ou aliviar as turmas normais de seus elementos perturbadores. Uma, mais positiva, entretanto, é a de atender os problemas e as necessidades especiais das crianças. O que envolve oferecer um currículo mais simples, adaptado ao seu ritmo mais lento, e exercícios especiais considerados indispensáveis para desenvolver a capacidade de aprendizagem de crianças mentalmente deficientes. Tais exercícios visam ao treinamento de sua coordenação motora, percepção visual ou auditiva, memória, capacidade de concentração etc. (Nas reuniões mensais, as professoras de AEs recebem cópias mimeografadas dos exercícios que deverão aplicar no mês seguinte.) Além disso, as crianças deveriam receber atenção individual, de maneira que as turmas de AEs são geralmente formadas com um número menor de crianças que as turmas normais, sendo a média de vinte em vez de trinta. Geralmente, a finalidade da turma é permitir que a professora se dedique mais inteiramente às crianças e chegue a conhecer e compreender as dificuldades e idiossincrasias de cada uma delas.

A turma não tem por objetivo uma reintegração das crianças no sistema escolar mais amplo, isto é, nas turmas normais. Não há ideologia da recuperação. O que não é surpreendente, pois a noção da recuperação é logicamente incompatível com o veredicto da patologia inerente. Há um reteste, mas poucos AEs são enviados para o fazerem. O reteste habitualmente não merece mais que uma menção casual (se é que chega a ser mencionado), porque é antes considerado uma extensão insignificante do sistema do que uma parte integrante dele*. A crença básica é que o AE nunca muda realmente.

---

* Em 1972 só 43 crianças, do total de quase 14.700 AEs, foram indicadas para o reteste.

Esta parte do trabalho é uma análise dos mecanismos da turma de AEs. É uma tentativa de mostrar como a própria definição da criança como "excepcional" sempre leva a uma confirmação desta "excepcionalidade" e de como a própria ideologia do desvio cria relações de distância e de despersonalização, em contraste com o alvo oficial de estabelecer um "relacionamento mais estreito" com a criança.

Uma vez definidas as crianças como desviantes, a tendência será sempre procurar nelas os sinais e sintomas do seu desvio; quaisquer manifestações de sua parte servirão de prova de sua "excepcionalidade".

A professora está condicionada a considerá-la sob uma luz toda especial; se a define como turbulenta e problemática, qualquer coisa que faça será sempre um sinal de sua "natureza turbulenta". Como já disse na seção 3, se uma criança normal é barulhenta, trata-se simplesmente de "bagunça", se é um AE que é barulhento, trata-se de um sinal de sua anormalidade; quando distúrbios menores ocorrem nas turmas de AEs (por exemplo, conversa aos gritos, levantar da carteira, brigas com o vizinho) são imediatamente interpretados como sintomas de uma condição desviada inerente, conquanto os mesmos distúrbios possam ser observados nas turmas normais. Neste sentido, então, o rótulo do desvio será sempre confirmado.

Se as crianças forem definidas como deficientes mentais, o ensino que se lhes oferece será retardado e modificado de tal maneira que se torne praticamente impossível para elas a apresentação de progresso "normal". Os exercícios especiais, por exemplo, embora frequentemente bem-feitos desde o começo, são entretanto constantemente repetidos, de modo que um tempo valioso se perde com a alfabetização, e as crianças estão destinadas a se tornar atrasadas. Assim, os próprios exercícios, planejados para acelerar a aprendizagem, tornam-se "mecanismos de atraso"*. Além disso, essa definição tende a levar a uma interpretação e avaliação negativas do desempenho acadêmico. No caso do AE que progride bem, isto pode acarretar repercussões bastante sérias porque seu progresso apreciável (ou capacidade intelectual superior) pode nunca receber reconhecimento adequado. Do ponto de vista do sistema o "bom aluno" é uma anomalia, uma contradição: um deficiente mental que progride bem e rapidamente aproxima-se da posição liminar de "nem AE típico, nem normal típico"; o que leva à confusão desperta certa ambivalência emocional, "sentimentos desencontrados". Assim, a menos que seja enviado para um reteste, o que é extremamente raro, a tendência será simplesmente a de ignorá-lo totalmente. Se, por acaso, for uma criança de temperamento mais vivaz ou difícil, estas características poderão ser consideradas como provas suficientes de que ele, afinal, comprovou a definição de "excepcional". Deste modo, as professoras frequentemente admitem que alguns dentre os AEs são realmente muito bons alunos, mas que são, contudo, AEs, porque sofrem de "distúrbio de conduta" ("nunca permanecem sentados tranquilamente", "são sempre barulhentos" etc.). De uma forma ou de outra, a criança será sempre moldada de maneira a se ajustar às características básicas de sua categoria.

Interessa, neste contexto, examinar a situação dos AEs extremamente lentos. São tomados como evidência ideológica do desvio geral da turma ("viu como a turma é ruim?"), ou então estigmatizados e marginalizados do mesmo modo que os AEs foram antes marginalizados nas turmas normais; obtém-se uma réplica

* Uma professora decidiu abandoná-las totalmente e concentrar-se apenas na alfabetização. Perto do fim do ano, ensinara 60% da turma a ler e a escrever, o que se compara muito favoravelmente com as turmas normais. Uma outra, aplicando um método diferente de alfabetização, conseguiu alfabetizar sua turma em menos de 6 meses.

em miniatura da situação da "1ª série analfabeta", os lentos constituindo um núcleo de "desviantes especiais" entre os desviantes.

Algumas professoras preferem a definição "deficientes culturais" a "deficientes mentais"; soa algo mais compreensiva. Esta definição, entretanto, apenas substitui um "modelo negativo" por outro. Apenas transfere o desvio para o meio social da criança, que deve ter reflexos desfavoráveis sobre ela; ela é (novamente) transformada num estereótipo, desta vez exibindo todos os atributos negativos de seu grupo cultural particular. Mais uma vez, a professora não o vê como uma personalidade individual, mas como uma categoria social. As relações tenderão a ser impessoais e a dar menos lugar à compreensão.

De modo semelhante, as professoras preferem muitas vezes falar de "bloqueios emocionais" e "distúrbios psicológicos" em vez de deficiência mental. Mas, se tomada seriamente, esta definição implicaria uma abordagem totalmente diferente das crianças, a qual a maioria das professoras, entretanto, não está preparada para assumir. Pois uma definição de dificuldades emocionais é sempre efêmera, especialmente quando aplicada a crianças que ainda se encontram em processo de desenvolvimento e mudança emocional. Só pode conduzir a uma classificação temporária, nunca à permanente que o teste de Gille estabelece. Logicamente, esta definição requereria retestes frequentes, mas os AEs quase nunca são enviados para um reteste, e certamente não o são frequentemente. Apenas se pode concluir que, do ponto de vista prático (isto é, de mudar a abordagem de alguém), a definição anterior é de pouca valia.

Quaisquer que sejam as várias definições do AE, ele é sempre um desviante; enquanto tal, estará sempre sujeito a um tipo de relação "diferente", nunca a uma relação normal; a própria ideologia do desvio deve criar uma relação "anormal". O que não é afirmar que todas as relações sociais estabelecidas entre professoras e crianças sejam sempre as mesmas; algumas professoras, por exemplo, aplicam uma disciplina bastante rígida, e em consequência, suas turmas são quietas e ordeiras; outras são totalmente indiferentes, considerando as crianças "casos perdidos", que não lhes compete mudar – estas turmas são indisciplinadas e barulhentas. Neste sentido, nunca se pode saber o que esperar quando se entra numa turma de AEs. Mas, qualquer que seja o clima da turma, quaisquer que sejam as relações entre professora e alunos, se conflituosas, tranquilas ou indiferentes, são apenas configurações, versões diversas do mesmo tipo de relacionamento social de despersonalização e estigmatização. É um padrão comum e recorrente de interação social, limitado pelas próprias fronteiras do sistema de representação.

O que se segue é uma descrição de uma turma de AEs e um resumo de uma de suas aulas. Esta turma particular era dos níveis 1 e 2. O número total de crianças era 21, das quais 20 provinham de favelas. Grupo de idade: 9 a 13 anos. Quatro haviam frequentado a escola durante 3 anos; 11, por 4 anos; três, por 5 anos; uma, por 6 e duas, por 7 anos. Dezesseis haviam sido classificadas como "imaturas" em seu primeiro ano de escola e 17 haviam feito o teste de Gille no ano subsequente, tendo sido classificadas como AEs no seu terceiro ano.

A turma era geralmente quieta e ordeira. Disseram-me que observasse particularmente um menino que era um "caso difícil", agitado, barulhento, e "todo esquisito" – um verdadeiro deficiente mental. (Por motivos de conveniência passo a chamá-lo João.) Para corrigir problemas de coordenação visual e motora e para treinar ritmo, o seguinte exercício foi apresentado: a professora exibia vários cartões com imagens, um mostrando um pé, outro um par de mãos, outro um pato etc. As crianças deviam aprender a associar cada cartão com o seu respectivo som, por exemplo, quando se exibia o cartão com o pé, deviam bater com seus pés no chão, se era o cartão com o pato, deviam dizer "qua", se era o cartão das mãos, deviam bater palmas etc. Os cartões eram então presos ao quadro-negro em linhas horizontais, e a professora os apontava sucessivamente, devendo as crianças reproduzir o som adequado. Cada criança era solicitada a reproduzir o som de apenas um cartão e no momento exato em que a professora o apontava. A professora apontou o primeiro cartão – uma criança bateu o pé; depois o segundo – seguiu-se o bater de palmas, e assim por diante, até o último cartão. Tudo foi feito com bastante rapidez, produzindo um ritmo agradável. Tudo correu perfeitamente, durante a maior parte do tempo, apenas uma menina perdendo a pista por uma ou duas vezes. As crianças gostaram deste exercício porque era divertido e rítmico; a professora também o apreciou e por isso o repetiu várias vezes, sempre com o acréscimo de mais cartões. Deste modo, passaram-se mais de 30 minutos. Então, aconteceu que entraram algumas visitas na sala e o exercício foi mais uma vez repetido em sua honra. As crianças tiveram um desempenho brilhante e a professora exibia um sorriso de orgulho na face.

Seguiu-se outro exercício: a cada criança se distribuía um cartão, no qual se podiam ver os contornos de uma casa, árvores, o mar etc., que deveria colorir. No interior de cada figura se percebia um pequeno número correspondente a uma cor particular, e a criança deveria usar apenas a cor requerida pelo número (as instruções se encontravam em um canto, isto é, 1 = vermelho; 2 = azul etc.). Deste modo, deveria compor uma figura colorida. O objetivo era treinar sua percepção visual. Ordenou-se às crianças que se sentassem corretamente, que não se movessem e que se concentrassem em seu trabalho: "Se alguém não se concentrar, vai fazer errado." Um menino virou-se e pediu a uma menina sentada atrás uma borracha; foi-lhe imediatamente dito que olhasse para a frente e que se sentasse corretamente. "Pare de atrapalhar os outros."

João acabou logo. Tinha feito bem o seu trabalho, prestando atenção aos menores detalhes, por exemplo, um número mínimo escondido em um canto do desenho, mas agora estava se aborrecendo. Logo notei que era geralmente o primeiro a acabar e que, consequentemente, ficaria inquieto e procuraria uma desculpa para se levantar, fosse apontar o lápis ou procurar uma borracha. Neste meio-tempo, começaria a conversar com um colega. Era o tipo de criança que gostava de "representar uma comédia". Quando o repreendiam (o que acontecia com frequência, sendo geralmente chamado "chato"), enterrava o rosto nas mãos, em desespero fingido, mas logo o descobria fazendo enorme careta, como que impenetrável a qualquer repreensão. Era uma criança que não podia ser subordinada, o que, aliado ao fato de que sempre bancava o palhaço, irritava constantemente a professora. Desta vez, começava novamente a agitar-se e a balançar-se na carteira. Com um grito a professora disse-lhe que parasse de balançar-se e ameaçou-o de ficar de pé.

Ordens como "pare com isso", "preste atenção" etc. eram dadas e repetidas durante toda a aula, porque, de acordo com a professora, as crianças sofriam de "distúrbio de conduta" e precisavam ser disciplinadas. "Se a gente não as controlar, vai ser o caos."

A maioria das crianças fez o exercício corretamente. Apenas três tinham errado. Seu trabalho foi saudado com um sarcástico "que beleza". Foram repreendidas por não terem se concentrado. "Sempre conversando com o companheiro." Percebeu-se que elas não distinguiam realmente as cores, isto é, que não sabiam que a cor que haviam usado como azul se chamava "azul" – donde ler "2 = azul" não significava coisa alguma para elas. Haviam decidido usar as cores como pensavam ser melhor; o que, em geral, produzira o resultado correto (por exemplo, sabiam que o mar era azul, assim usaram azul), mas que não poderia funcionar nos menores detalhes.

Então, veio um ditado. Começou em silêncio absoluto. Foram-lhes ditadas palavras como "menino", "menina", "bota", "urso", "pavão" etc. As crianças estavam bastante atentas, embora se observasse uma tendência para se agitarem nos longos intervalos entre cada palavra. Depois de alguns minutos, a professora sempre perguntava se todas estavam prontas para a próxima palavra e como duas sempre respondiam "não", a turma inteira devia esperar por elas. Deste modo, o ditado prosseguiu a passo de cágado. Quando o exercício terminou, uma menina recolheu e entregou-me as folhas de papel. Mais uma vez, João escrevera tudo corretamente. Em seguida, a professora se levantou e deixou a turma por alguns minutos. As crianças continuaram em suas carteiras, conversando entre si. Quando a professora voltou, disse-lhes que agora tinham de 15 a 20 minutos para brincarem – era a hora do recreio. As meninas continuaram a conversar, algumas começaram a pintar, enquanto os meninos se levantaram e apanharam os brinquedos espalhados no fundo da sala; ocasionalmente começaram uma briga.

Depois do recreio lhes foi dado o dever de casa. Todos abriram seus cadernos de exercício e começaram a copiar o que estava escrito no quadro. A professora desenhou uma vaca, em seguida escreveu a palavra "dá" junto a ela e desenhou uma garrafa de leite. A criança deveria completar a frase com a palavra adequada, de modo que se pudesse ler "A vaca dá leite". Seguiam-se várias outras frases deste tipo. Finalmente, tocou o sinal.

Depois da aula, conversei com a professora. Disse-me:

– Viu como eles são fogo? Especialmente João. É um AE típico.

– Mas ele parece ser bom aluno.

– É, é surpreendente, mas ele é bom aluno. Sofre, porém, de distúrbio de conduta, como você viu. Ele não é muito bom da cabeça – e apontou para a própria cabeça. – E depois vem de um ambiente terrível. Acho que a mãe dele é alcoólatra; as irmãs todas são prostitutas, as piranhas do morro. Daí você pode imaginar que tipo de criança ele deve ser. É sempre a mesma coisa com essa gente.

Com 14 anos de idade, a criança, ou melhor, o adolescente deixa a escola. O objetivo de sua educação foi prepará-lo tanto quanto possível para exercer um "papel útil" na comunidade. Assim, conquanto possa não haver uma ideologia de reintegração na escola, há certamente uma ideologia de reintegração na sociedade mais ampla. No entanto isto pode se tornar difícil com um diploma escolar que declara que a criança terminou seu curso primário tendo recebido um "ensino não sistemático". Estas palavras distinguem o diploma AE do diploma normal. Aquele se tornou agora um diploma "estigmatizado", e as consequências poderão ser sérias quando se trata de procurar um emprego; o desvio foi agora transposto para a comunidade maior. Perguntei a um menino o que gostaria de fazer depois de sair da escola. Respondeu que gostaria de fazer "o ginásio" e que trabalharia de dia e estudaria à noite, se pudesse. Mais tarde perguntei a sua professora quais seriam as oportunidades de que seu aluno fosse para o "ginásio".

– Oh, praticamente nenhuma. Não tem condição. E certamente não com esse diploma.

VI. Conclusão

Este foi um estudo acerca de um grupo de crianças rotulado como desviante. O estudo do desvio é de interesse na medida em que trata de pessoas que são estigmatizadas e relegadas à periferia da sociedade; o objetivo é mostrar como chegam a ocupar estas posições. Foi também um estudo dos sistemas de classificação.

Na realidade, "nossos métodos de classificação são inteiramente arbitrários e subjetivos. Nada há no mundo externo que exija que certas coisas se agrupem e outras não .... Supõe-se que cada população tenha um sistema único de perceber e organizar os fenômenos – coisas, acontecimentos, comportamento e emoções (podemos acrescentar aqui "pessoas"). O objeto de nosso estudo não são estes ... fenômenos em si mesmos, mas as maneiras como são organizados nas mentes dos homens .... Culturas não são fenômenos materiais; são organizações cognitivas de fenômenos materiais".* O estudo do desvio não é o estudo de pessoas em si mesmas, mas o estudo da classificação de pessoas na mente dos homens.

Apêndice

A excelente pesquisa do INEP não pode ser resumida aqui, mas é importante relatar uma das conclusões alcançadas por esta pesquisa; tal conclusão se refere à classificação de crianças em categorias; tratando do problema da "etiqueta que influi sobre as expectativas do mestre" e do problema de que "a classificação em CP ou como AE marca oficialmente e com a agravante de aparente base científica", conclui-se que:

> Recomenda-se uma mudança da política que vem sendo adotada em relação às crianças com dificuldades de aprendizagem, reunidas muitas delas nas chamadas Classes Preliminares. Essa política pode estar influindo, inclusive, na classificação das crianças como AEs e em sua segregação em classes especiais, as quais representam uma forma de marginalização escolar e, possivelmente, na vida futura,

* Stephen T. Tyler, Introduction, in: *Cognitive Anthropology*, por S.A. Tyler (org.). Holt, Rinehart and Winston, Nova York, 1969.

considerando-se a reação negativa dos empregadores diante do certificado obtido por essas crianças, quando não se evadem da escola, o que parece ocorrer em grau elevado. É esse assunto que parece merecer sério estudo, tendo em vista que as crianças que vêm sendo indicadas para repetir as Classes Preliminares na base de seus resultados quanto à melhoria da "maturidade" não são, muitas vezes, sequer iniciadas na aprendizagem da leitura e da escrita. Por outro lado, são classificadas como AEs com fundamento em testes coletivos de inteligência sem validade determinada. A classificação da criança como imatura parece levar a efeitos graves, como a diminuição da expectativa de pais e professores, a baixa significativa de frequência, a descrença da criança no próprio valor. A influência da redução de expectativas pode ser suficiente para determinar a reprovação de uma criança.

REFERÊNCIAS BIBLIOGRÁFICAS

Becker, Howard. *Outsiders: Estudos de sociologia do desvio.* Rio de Janeiro, Zahar, 2008.

_______. *The Other Side.* Nova York, The Free Press of Glencoe, 1964.

Douglas, Mary. *Purity and Danger. An Analysis of Concepts of Pollution and Taboo.* Penguin Books, 1970.

_______. *Witchcraft, Confessions and Accusations*, Tavistock Publications, 1970.

Erikson, Kai T. *Wayward Puritans.* John Wiley and Sons, Inc., 1966.

Foucault, Michel. *Madness and Civilization.* Tavistock Publications, 1967.

Goffman, Erving. *Stigma, Notes on the Management of Spoiled Identity.* Englewood Cliffs, Prentice-Hall Inc., 1963.

_______. *Asylums, Essays on the Social Situation of Mental Patients and Other Inmates.* Doubleday and Company, Inc., Anchor, 1961.

Laing, Ronald D. *The Divided Self.* Tavistock Publications, 1969.

Leacock, Eleanor B. *The Culture of Poverty: A Critique.* Simon and Schuster, 1971.

Matza, David. *Becoming Deviant.* Englewood Cliffs, Prentice-Hall Inc., 1969.

Velho, Gilberto. "Estigma e comportamento desviante em Copacabana", in *América Latina*, 1971. (Capítulo 6 deste livro.)

4. Umbanda e loucura

Simoni Lahud Guedes

I.

O trabalho que pretendemos fazer, em razão da amplitude e riqueza dos temas postos em contato, deverá ser entendido como uma tentativa de vislumbrar as relações significantes entre loucura e umbanda, vistas dentro da perspectiva fornecida pelos estudos de comportamento desviante. Para explanação mais completa, seria necessário um estudo suficientemente prolongado do assunto, necessidade que um estudo posterior poderá preencher. Assim, deixamos mais perguntas que respostas. E, neste sentido, poderíamos dizer que, aqui, as conclusões permanecem sendo hipóteses.

Há uma ideia essencial ao nosso trabalho: a loucura como uma categoria social. Considerá-la assim significa, para nossos objetivos, principalmente, que é uma categoria que pode ser manipulada socialmente, isto é, é concebida de acordo com variáveis sociais. Baseamo-nos, nesta consideração, essencialmente em Foucault (1967 e 1968). Reconstruindo a história da loucura na sociedade ocidental, Foucault reconstrói a percepção que apresenta cada sistema cultural, nos diferentes períodos, das relações entre a razão e a não razão e, ao mesmo tempo, sua própria percepção de si. Um texto explicita melhor sua posição: "Essas táticas de partilha servem de quadro à percepção da loucura. O reconhecimento que permite dizer: 'Este é um louco' não é um ato simples nem imediato. *Repousa, de fato, num certo número de operações prévias e sobretudo neste recorte do espaço social segundo as linhas da valorização e da exclusão.* Quando o médico acredita diagnosticar a loucura como um fenômeno da natureza, é a existência deste limiar que permite portar o julgamento da loucura. *Cada cultura tem seu limiar particular e ele evolui com a configuração desta cultura*; a partir dos meados do século XIX, o limiar de sensibilidade à loucura baixou consideravelmente na nossa sociedade; a existência da psicanálise é o testemunho deste abaixamento na medida em que ela é tanto o efeito quanto a causa do fato. É preciso notar que este limiar não está necessariamente ligado à acuidade da consciência médica: o louco pode ser perfeitamente reconhecido e isolado, sem receber por isso um status patológico preciso, como foi o caso na Europa antes do século XIX" (Foucault, 1968, p.89, grifos nossos). Portanto, sem pretender entrar em conflito com teorias que apontariam uma causa fisiológica para a loucura, inclusive porque não temos conhecimento para discutir tais posições, partimos do princípio de que a percepção da loucura, pelo menos, é um problema mais sociológico do que médico. E é uma percepção da loucura que pretendemos estudar: a da Umbanda.

E o que é a Umbanda? Roger Bastide fala-nos da dificuldade de defini-la: "Se é difícil seguir historicamente os primeiros momentos da Umbanda, é igualmente difícil descrevê-los. Pois estamos em presença de uma religião a pique de fazer-se; ainda não cristalizada, organizada, multiplicando-se numa infinidade de subseitas, cada uma com seu ritual e mitologia próprios" (Bastide, 1971, p.440, vol.II). Também Candido Procopio Ferreira de Camargo insiste neste ponto: "Se o Espiritismo é crença à procura de uma instituição, a Umbanda é aspiração religiosa em busca de uma forma" (Camargo, 1961, p.33). Mas apesar de todas as variações passíveis de encontrar (e talvez, quem sabe, em função exatamente delas), a Umbanda existe e constitui um sistema simbólico peculiar dentro de nossa sociedade. Para nós, tendo em vista este caráter não unívoco da doutrina, umbandistas serão aqueles que se classificarem como tais. Isto é, aqueles que destacam um tipo particular de crença religiosa, diferenciando-a de outras e adotando-a como sua. Os limites dessa crença devem ser fornecidos pelos próprios crentes. Isto não significa contudo que, desta forma, solucionamos com relativa facilidade o problema do que é a Umbanda. Para exemplificar as dificuldades encontradas em tal delimitação, vejamos como, trabalhando apenas com dois informantes, são representadas as relações entre Umbanda e Quimbanda. Para um deles, há uma diferença em termos da evolução dos espíritos com os quais trabalham a Quimbanda, a Umbanda e o Kardecismo, colocando-se a Quimbanda como "baixo espiritismo" e a Umbanda como "médio espiritismo". Para outro, buscando seus argumentos na etimologia da palavra, "a Quimbanda realmente não existiria no sentido mau – o nome Umbanda é originário de Angola onde MBANDA significava *sacerdote* e KI-MBANDA queria dizer *invocador de espíritos*"; por um erro de interpretação histórica, os KI-MBANDA (invocadores de espíritos), que praticavam o mal no tempo da escravidão, passaram a ser identificados com um culto – Quimbanda – que praticaria o mal. Mas, na realidade, segundo este informante, não há separação entre Umbanda e Quimbanda.

Muitos outros pontos, rituais e doutrinários, são temas de discordância na literatura umbandista e entre os praticantes do culto, especialmente os chefes de terreiro que, de certa forma, fornecem o modelo a seus seguidores. A ausência de uma entidade unificadora e, aliada a esta questão, a relativa liberdade de que gozam os chefes de terreiro de dispor sobre temas rituais ou doutrinários, buscando sua argumentação em fontes diversas, contribuem fortemente para tal situação. Mas nós nos atrevemos a pensar que é exatamente esta possibilidade de manipulação um dos traços mais característicos da Umbanda. De qualquer forma, concordando com a literatura existente sobre o assunto, nossos informantes situam a Umbanda como um "culto afro-brasileiro" e ligado ao espiritismo: Kardec é leitura obrigatória. Para completar a nossa rápida caracterização inicial, o esquema geral da doutrina, que nos fornece Camargo, será suficiente, embora seja preciso que não nos esqueçamos das múltiplas manipulações a que tal esquema está sujeito:

> 1. a Umbanda subdivide-se em 7 'linhas' e cada uma delas é comandada por um Orixá ou Santo católico ligado à tradição africanista.
> 2. cada 'linha' se desdobra em legiões, falanges etc., que nos níveis mais baixos da hierarquia se identificam com os espíritos desencarnados, assumindo imperceptivelmente formas intermediárias nos graus superiores, mais próximas dos heróis nacionais e dos orixás (op.cit., p.37).

Tomando agora as relações entre UMBANDA E LOUCURA, a primeira observação que fizemos é que os chamados cultos afro-brasileiros (macumba, xangô, umbanda etc.) têm sofrido, de uma forma ou de outra, a acusação de loucura. Tendo em vista tais acusações, o objetivo de nosso trabalho é tentar ver em que medida este grupo religioso constrói uma teoria específica sobre tal tema - loucura, colocando-a dentro de seu sistema de conhecimento e em que coincide tal teoria com aquela que os acusa.

Deste ponto de vista, torna-se extremamente importante a análise de tais acusações. É o que faremos agora.

II.

Embora o sistema mais amplo em que se insere a Umbanda não possa ser considerado uma comunidade, em sentido estrito, seu próprio caráter de sistema permite-nos concordar com Erikson: "Quando se descreve qualquer sistema como um que marque suas fronteiras, está-se dizendo que controla a flutuação de suas partes constituintes fazendo com que o todo apresente um âmbito limitado de atividade, um padrão determinado de constância e estabilidade, dentro do meio ambiente mais amplo... O comportamento humano pode variar amplamente, mas cada comunidade estabelece parênteses simbólicos em volta de certo segmento desta amplitude e limita suas próprias atividades dentro desta zona demarcada. Esses parênteses são, de certa forma, as fronteiras da comunidade." O que procuramos investigar trata-se, pois, dos limites da normalidade psicológica em nossa sociedade. Investigando um dos aspectos que o patológico toma, esperamos também esclarecer um pequeno ponto desse sistema inclusivo vago e amplo. A linha que ele traça para separar o normal e o patológico traça, ao mesmo tempo, uma parte de seu contorno.

Alguns textos vieram ter-nos à mão que nos pareceram caracterizar a situação que examinamos. Foram selecionados, em primeiro lugar, porque fazem uma ligação entre "cultos afro-brasileiros" e loucura. Nós os entendemos como acusações. Em segundo lugar porque, nos casos que analisamos, tais acusações partem de elementos significativos na sociedade. São principalmente médicos, no caso específico um psiquiatra e um estudioso da sociedade. Podemos, então, dizer que há representatividade na amostra escolhida, pois a estes, dentro da divisão de trabalho (e de conhecimento) da nossa sociedade, é conferida a autoridade para discorrer sobre o tema de que nos ocupamos – a loucura.

Começaremos com Nina Rodrigues. Em *As Collectividades Anormaes* (1939), livro organizado por Arthur Ramos, de acordo com plano deixado por Nina, este analisa casos de "loucura coletiva" dentro de uma perspectiva que ele próprio filia à "psicologia coletiva". Analisando um caso de "abasia choreiforme epidemica" (uma dificuldade motora) e atribuindo seu caráter epidêmico ao contágio por imitação, um contágio mental portanto, Nina aponta como uma das causas predisponentes a este tipo de contágio o estado religioso da população: "O terreno não estava menos bem preparado pelo lado religioso. Sabem os que estudam a nossa sociedade com observação imparcial que a população brasileira não prima pela pureza e segurança das crenças religiosas. O fato tem a sua explicação racional e científica no mestiçamento, ainda em via de se completar, de um povo que conta como fatores componentes raças em grãos diversos de civilização por que se achavam ao tempo de fusão em períodos muito desiguais da evolução sociológica. D'ahi resultou que no Brasil o monoteísmo europeu teve de entrar em conflito com o fetichismo africano e a astrolatria da aborígene. Por isso diz com razão o dr. Sylvio Romero que ainda na psicologia estamos longe de uniformidade. Para mostrar como entre nós a irreligião acotovela-se a cada passo com o fanatismo fetichista, não precisa mais do que recordar as práticas supersticiosas que mesmo nesta cidade lavram com intensidade nas classes inferiores e a influencia mais ou menos direta nos costumes do nosso povo, de usanças africanas, ainda mal dissimuladas na diferença do meio" (Nina Rodrigues, op.cit., p.44-5). Ideia parecida é expressada mais adiante sobre o mesmo assunto: "Outra causa que deve ter influído poderosamente, na Bahia, sobre o desenvolvimento da epidemia, foi a predominância numérica da raça negra e de seus mestiços em nossa população. Demonstrei em outros trabalhos que as dansas e *sobretudo as dansas sagradas a que se entregam tão apaixonadamente os negros, constituem um poderoso agente provocador da histeria*" (idem, p.121-2, grifos nossos).

Nina Rodrigues aponta, claramente, no primeiro texto a confusão e o conflito de ideias provindas de culturas diferentes como causas predisponentes ao contágio mental de uma doença. Poderíamos dizer, utilizando o conceito tratado por Mary Douglas, que se trataria de uma poluição de ideias, pois "Nosso comportamento com a poluição é a reação que condena qualquer objeto ou ideia que possa confundir ou contradizer classificações valorizadas" (Douglas, 1970, p.48). Poluído também é o mestiço: "Muito diferente é o mestiço do litoral que a aguardente, o ambiente das cidades, a luta pela vida mais intelectual do que physica, uma civilização superior às exigências da sua organização physica e mental, enfraqueceram, abastardaram, *acentuando a nota degenerativa que já resulta do simples cruzamento de raças antropologicamente muito diferentes*, e creando, numa regra geral que conhece muitas excepções, esses tipos imprestáveis e sem virilidade que vão desde os degenerados inferiores, *verdadeiros produtos patológicos*, até esses talentos tão fáceis, superficiais e palavrosos quanto abúlicos e improdutivos, nos quais os lampejos de uma inteligência vivaz e de curto voo, correm parelhas com a falta de energia e até de perfeito equilíbrio moral" (Nina Rodrigues, op.cit., p.65, grifos nossos).

Assim poluído em suas bases, exatamente nos homens que os criaram, os cultos dos negros no Brasil (dos quais descende a Umbanda) têm de ser necessariamente poluídos nas ideias que contêm. São, por isso, terrenos propícios para o aparecimento de doenças mentais, como o declara explicitamente Nina Rodrigues no segundo texto, referindo-se à histeria.

Arthur Ramos, embora recusando algumas ideias de Nina Rodrigues, especialmente a da degenerescência provocada pela mestiçagem, é seu discípulo e ataca o mesmo problema em outro nível: o do curandeirismo. Em *Loucura e crime*, analisando as diferenças entre um curandeiro e um charlatão, observa que: "A mentalidade pré-lógica domina em todas estas práticas de curandeirismo naqueles que sofrem a influência das religiões primitivas do negro e do índio. Nina Rodrigues, em seus trabalhos, falou da ilusão da catequese católica entre os negros, que transformaram e assimilaram o catolicismo, operando uma curiosa simbiose dos santos do culto cristão com as divindades fetichistas" (Ramos, 1937, p.75). Como podemos ver, aqui está ainda a ideia da poluição nesta "curiosa simbiose". Só que agora não misturamos mais "raças antropológicas" mas mentalidades: pré-lógica ("religiões primitivas") e lógica (catolicismo). Por si só, o conceito de mentalidade pré-lógica, apanhado em Lévy-Bruhl, é o de uma lógica (que nem merece tal nome) onde a indistinção assumiria o papel principal, portanto é poluída. E seguindo este raciocínio, conclui Arthur Ramos que, diferente da repressão aos charlatões que são criminosos, "a repressão aos curandeiros é um problema de lenta educação do meio onde eles operam, *e da oposição de normas corretas de pensamento e raciocínio lógico às suas práticas místicas, pré-lógicas e indisciplinadas*" (Ramos, op.cit., p.77, grifos nossos). Isto é, trata-se de introduzir ordem onde só há desordem, e a desordem, neste caso, trata de patologia mental. Esclarecer as ideias é a solução para o problema.

Um documento recente é o que apresentamos a seguir. Foi retirado da primeira página de um jornal médico publicado no Rio de Janeiro – *Pulso* – datado de 10 de novembro de 1972:

> MÉDICO DA AL-PE COMBATE MACUMBA
>
> Ao certificar-se no hospital psiquiátrico estadual – na Tamarineira, subúrbio do Recife – de que 70% dos internados lá diariamente são pacientes em transe por delírios influenciados por pais de santo, o deputado e médico dr. Manoel Gilberto Cavalcanti denunciou a situação, no plenário da AL pernambucana, e agora sustenta campanha contra os terreiros de macumba.
>
> Afirma o deputado e médico que a proliferação desses terreiros no Recife, onde já passam dos 4 mil, tem contribuído "certa imprensa e até poderes públicos".

> Guerra declarada – A indicação do dr. Manoel Gilberto à AL tem número 1.274/72 e começa pedindo ao plenário que apele ao secretário de Segurança Pública só conceder nova licença de funcionamento a candomblés no Estado a chefes ou proprietários possuidores de carteira de saúde expedida pela pasta estadual competente e com o prévio parecer do departamento de psiquiatria e higiene mental da SS. Na justificativa da indicação, o dr. Manoel Gilberto cita o colega dr. Abaeté de Medeiros, da internação do hospital da Tamarineira, que afirma ser o "elevado número de pacientes ali internados *irradiados* de xangô". Citando o professor Pedro Cavalcanti, discípulo de Ulisses Pernambuco, na sua tese *O estado mental dos médiuns*, frisa que os frequentadores de terreiros são "todos oligofrênicos sem vontade ou raciocínio".
>
> – Na verdade – conclui o deputado pernambucano – o comportamento desses pais de santo os tem levado seguidamente às páginas policiais por assassínios, estupros, sacrifícios de crianças e outros delitos graves.

Este texto, para nós, é precioso. Em primeiro lugar, porque, numa acusação bastante clara, tem presentes simultaneamente as ideias da poluição e da contaminação. Em segundo lugar porque nos diz algo mais sobre o controle do desvio. Conforme Erikson nos ensina, a sociedade recruta e controla o número de seus desviantes (p.15s). Neste caso, estamos em presença de uma acusação que se baseia na elevação deste número e procura controlar seu aumento. Como fazer isso? Muito simples. A Segurança Pública e a Psiquiatria Oficial são chamadas a intervir para que o aumento não seja demasiado. Devem declarar a sanidade dos pais de santo para que estes possam agir como tais. Em terceiro lugar, o texto nos mostra que, em nossa sociedade, o conceito de loucura abrange uma variedade de comportamentos desviantes tão ampla que seu estudo, para a teoria destes comportamentos, torna-se essencial.

Outro documento foi publicado no *Jornal do Brasil* de 3 de dezembro de 1972, p.30, 1º caderno:

> PSIQUIATRA VIU MACUMBA COMO TURISMO
>
> ... Embora acreditando na possibilidade de curas e resolução de problemas através da macumba, pelo fenômeno da fé e sugestão de seus adeptos, o psiquiatra Jonas Millan Boada afirma que ela é prejudicial a pessoas com sérios conflitos psicológicos, *por favorecer o aparecimento de quadros histéricos* (grifo nosso).
>
> Manifestações – O psiquiatra Ruben Rendon e sua mulher, a psicóloga Lígia Rendon, explicaram que são estudiosos da "psiquiatria folclórica", que pesquisa as manifestações populares de sentido místico, religioso e curativo, como é o caso da macumba, em cujos ritos são utilizados métodos de indução hipnótica e sugestão. Tanto na opinião deles quanto na do psiquiatra Jonas Millan, *a insegurança das pessoas, a fé e a crença mágica*, muito comum nos países latino-americanos, e também a curiosidade, são responsáveis pelo grande número de adeptos da macumba, de idades variadas e diferentes classes sociais (grifo nosso).
>
> ...
>
> Os três fazem questão de lembrar a sensação de alívio obtida por pessoas que procuram auxílio nos terreiros de macumba, embora já tenham constatado que, em seu país, 50% das pessoas que consultam psiquiatras já passaram antes por "terreiros e bruxos em busca de ajuda". Mas eles afirmam que o contrário também acontece com frequência, e pessoas que não se satisfazem com o auxílio prestado por um psiquiatra procuram resolver seus problemas através da macumba, "embora tipos psicóticos não possam ser ajudados por ela".

Por que a macumba "favorece o aparecimento de quadros histéricos"? Voltamos a Nina Rodrigues? No sentido que estamos analisando, sim. Trata-se sempre de traçar os limites entre mentes normais e mentes patológicas. A normalidade, parece-nos, está situada na "pura" tradição ocidental e cristã dos colonizadores. Além desta linha, com a aceitação de outras ideias e principalmente com a mistura de ideias, ingressamos num terreno perigoso. Cultos que, como a Umbanda, têm sido vistos tantas vezes sob o ângulo do sincretismo, isto é, da mistura, estão exatamente no âmbito do patológico. Ou seus cultores já são "loucos" ou ficam por causa do culto.

Essas acusações nos dão uma percepção da loucura e da Umbanda: ambas estão fundadas na poluição de ideias e por isto se equacionam. A luta que se trava aqui, contra a loucura e contra a Umbanda, pode ser resumida numa oposição básica: racional/irracional. Se, por um lado, é permitido o "irracional", é exatamente para marcar os limites da racionalidade. Por outro lado, ele é controlado para não ultrapassar a margem que lhe é deixada – e, parece-nos, esta é a função da acusação.

É preciso não esquecer, entretanto, que esta não é a única atitude frente à Umbanda na nossa sociedade. Seria preciso um levantamento mais adequado para que pudéssemos estudar este ponto profundamente. Contudo, o que nos interessa aqui é o fato de que tais acusações existem e são valorizadas há bastante tempo. Por isso, estamos autorizados a presumir que influenciaram a percepção da "loucura" que a Umbanda apresenta.

III.

Para tentar conhecer a "teoria da loucura" na Umbanda, utilizamos apenas dois informantes. Conhecendo, como já colocamos anteriormente, a enorme possibilidade de variações encontráveis na doutrina, pareceu-nos que se tentássemos extrair do modelo os seus princípios básicos, poderíamos trabalhar dentro das variações. Além disso, o caráter essencialmente qualitativo dos dados que buscávamos permitia-nos trabalhar com esse número reduzido de informantes. De qualquer forma, é, pelo menos, uma tentativa de ordenar tais dados e esperamos que seja um esboço útil.

Os únicos critérios de escolha dos informantes foram: 1) considerarem-se umbandistas; 2) julgarem (e serem julgados) ter conhecimento da doutrina umbandista. Nós os designaremos como informantes A e B.

Embora, como veremos, não haja muita variação nos dados recolhidos (talvez por consultarmos apenas dois informantes), o informante A forneceu-nos uma quantidade de detalhes bem grande, sendo inclusive facilitadas para nós a extensão e classificação de alguns pontos de seu discurso, pois já publicou livros. Utilizaremos um deles: *Orixá e obrigações*. Interessante também com relação a este informante é que grande parte de seus argumentos são tomados de Nina Rodrigues, Arthur Ramos, Roger Bastide, Edson Carneiro e outros, além de Kardec e Chico Xavier, e que possui as obras completas de todos, que consulta com frequência.

Apresentamos os dois discursos sobre a teoria da loucura na Umbanda, resumidamente. Nós os apresentamos em separado porque têm uma sequência que não gostaríamos de perder.

INFORMANTE A: Na Umbanda não há determinismo, nem psicopatia. Tudo é visto sob o prisma do misticismo, é a representação mística de que nos fala Lévy-Bruhl. Nos casos de loucura que encontramos por aí – pessoas com alteração na fala, na locomoção, que gritam, esbravejam à toa, que apresentam mudanças de comportamento – cerca de 90% não são doença, somente 10% são realmente doença. A maioria das manifestações de ordem nervosa correm por conta de EXU e dos EGUNS (espíritos dos mortos). São influências espirituais. Os Eguns provocam estas alterações devido a inimizade com a vítima (de vidas anteriores) ou por terem sido induzidos ao mal. Aqueles Eguns que se lembram de inimizades de vidas anteriores não conhecem a lei do perdão: são atrasados. Agem da seguinte forma: aproximam-se da vítima e começam a lançar-lhe fluidos negativos no pensamento, pois o cérebro é uma usina geradora de energia – negativa ou positiva – atuando por vibração. Havendo sintonia entre a vítima e o espírito mau, dá-se a obsessão (presença de ideias fixas), que é a adesão do periespírito (vestimenta do espírito para se locomover) do Egun no periespírito da vítima. A comunicação se dá por aproximação e afastamento. O corpo periespiritual do indivíduo grava o mal: quanto mais claro e colorido, mais adiantado é. Fluidos negativos permanentes formam ovoides do qual se criam as larvas astrais. A presença de ovoides e o pensamento negativo criam as larvas astrais que agem sobre o indivíduo. Dá-se então a vampirização – um vampiro está colado ao indivíduo e suga todas as substâncias alimentícias de tudo o que ele come, enfraquecendo-o. O indivíduo muda completamente. O lançamento de ovoides se dá principalmente durante o período de repouso. EXU é mensageiro entre os homens e os Orixá (*sic*) e criado dos Orixá. Os três grandes Exus são: EXU LABORÉ (Exu da terra), EXU LABORÉ FUMEN (Exu do Fogo) e EXU LABORÉ ONADÔ (Exu dos cemitérios). Cada um destes três grandes comanda sete EXUS DE GUIA que são Exus evoluídos que aconselham para o bem, auxiliam, dão consulta. Cada Exu de Guia comanda sete EXUS BATIZADOS que são chamados assim porque têm denominação e são reconhecidos. Cada Exu Batizado comanda sete EXUS PAGÃOS. Exu Pagão é aquele inteiramente sem conhecimento das coisas, sem consciência das coisas, não tem nenhum conhecimento do que é o bem ou do que é o mal, apenas realiza o que lhe determinam ou o que lhe pedem. São espíritos (Eguns) que se encontram inteiramente no escuro .... Esses irmãos constituem as célebres almas penadas (também em *Orixá e obrigações*, p.167). Estes Exus menos evoluídos, que são Eguns, agem para provocar perturbações. A profilaxia das perturbações mentais é feita principalmente pelo entendimento – o esclarecimento do espírito perturbador. Empregam-se também passes, defumações, banhos de descarrego e obrigações ritualísticas.

INFORMANTE B: Há casos de loucura com origem física com os quais a Umbanda nada tem a ver. A maioria, entretanto, são problemas espirituais – o encosto de um espírito na vítima. A mediunidade não desenvolvida ou paralisada provoca perturbações mentais. Os médiuns do terreiro já retiraram, com autorização dos médicos, pessoas internadas em Jurujuba (hospital psiquiátrico) para desenvolver-se no terreiro e estes ficaram curados quando foi retirado o encosto. Há também casos "psicológicos", pessoas que com a conversão ao espiritismo são levadas a dar a tudo uma causa mística: qualquer dor de cabeça é influência espiritual.

As entidades que causam estas perturbações que são tidas como loucura são os EXUS e os ESPÍRITOS DESENCARNADOS.

Os Espíritos Desencarnados podem agir pelos seguintes motivos: 1) por amizade – tentando ajudar a pessoa, perseguem e acabam atrapalhando; 2) por inimizade; 3) por galhofa (espíritos galhofeiros).

As doenças físicas que eles causam são as mesmas doenças que tiveram em vida e que são curadas no terreiro com o afastamento do espírito. Assim também acontece com os casos mentais – os indivíduos passam a fazer o que o espírito perturbador fazia. Os espíritos agem dessa forma, tornando a vítima parecida com eles, porque querem ser identificados. Assim acontece com os pretos-velhos: têm que ser representados como velhos para ser identificados, principalmente para os leigos, pois sendo espírito, que não tem forma, não precisariam ser representados assim.

Os Exus agem no seu interesse que é desenvolver-se. Exus já evoluídos, Exus de Santo, não causam perturbação. Os outros escolhem a quem for mais interessante obedecer e assim obedecem a despachos para causar perturbações.

A cura destas perturbações é feita através de despachos para a entidade, defumações e banhos de erva (para "desinfetar").

A Quimbanda, que é o baixo espiritismo, pode levar estas entidades a causarem perturbações.

Como a posição deste informante (B) pareceu-nos muito próxima à de Aluizio Fontenelle, gostaríamos de transcrever aqui um texto deste sobre EXU, que completa muito bem a informação:

> Concebe-se na Umbanda a entidade do mal, denominada EXU, qualquer espírito das trevas, que, *inconscientemente, tanto pode praticar o mal como* o *bem.*
>
> Admite-se que o Exu, sendo um espírito de quase nenhuma elevação espiritual, é considerado como uma criança, que, por falta de amparo ou orientação, tanto pode tender para o lado bom como para o lado mau.
>
> Aproveitam-se os Quimbandeiros dessas entidades (para a) prática do mal ..." (Fontenelle, p.777, grifo nosso).

IV.

A primeira pergunta que nos fizemos é esta: como a Umbanda vê a psiquiatria, isto é, uma outra teoria sobre o mesmo objeto? "10% são realmente doença"; "há casos de loucura com origem física com os quais a Umbanda nada tem a ver". Isto implica uma separação de campos de ação – há o campo da teoria da loucura da psiquiatria e o campo da teoria da loucura na Umbanda. Mas esta separação de áreas não nos parece fundar-se numa diferença de objeto – são sempre sobre os mesmos indivíduos "anormais" que discorrem, indivíduos cujo comportamento difere do comportamento dos demais. A diferença parece estar na explicação desse comportamento: se provém do físico, é problema psiquiátrico; se provém do espírito, é problema de Umbanda. Algumas vezes há erros na identificação da origem das doenças mentais. Então, pessoas são retiradas de hospitais psiquiátricos e levadas aos terreiros, assim como simples "dores de cabeça", problemas físicos, são tomadas por influência espiritual – aqui retira-se do terreiro e leva-se ao médico.

Percebemos daí que a Umbanda está trabalhando sobre uma dicotomia básica: matéria/espírito. Quanto a isso, um de nossos informantes forneceu-nos o modelo consciente adequado: "Nós temos três corpos – o corpo físico, o corpo periespiritual (a vestimenta do espírito para se locomover) e o corpo astral ou espírito". A dicotomia apresenta-se tripartida porque está mediatizada pelo corpo periespiritual que, tendo atributos do espírito (não é concreto), apresenta também atributos da matéria (para se locomover). O indivíduo está assim repartido e dividido na concepção da Umbanda. Mas pela temporalidade da matéria, há o primado do espírito sobre esta.

Mas além de nos dizer que há origens físicas e espirituais para tais comportamentos "anormais", a Umbanda nos diz algo mais. Se a origem é física, vem da matéria, ela provém também de um indivíduo, de dentro dele mesmo – é interior, portanto. Contudo, quando as alterações são espirituais, está envolvida uma relação. São outros espíritos que "perturbam" aquele: EXUS e EGUNS.

Por que os Exus e Eguns "perturbam" provocando alterações no comportamento? 1. Por amizades e inimizades de vidas anteriores (Eguns); 2. Por serem induzidos ao mal (Exus e Eguns). No primeiro caso temos, portanto, as próprias relações afetivas entre os homens como causa última das perturbações. Aqui a primeira relação entre estes espíritos se dá quando matéria e espírito estão juntos e há relação perturbadora entre espíritos (mesmo que um deles esteja encarnado). No segundo caso, temos Exus e Eguns como intermediários das relações entre os homens, pois são estes que os induzem ao mal. E se podem ser induzidos é porque, não tendo controle próprio como os Orixás, podem ser manipulados pelos homens: "Admite-se que Exu, sendo um espírito de quase nenhuma elevação espiritual, é *considerado como uma criança*, que por falta de amparo ou orientação, tanto pode pender para o lado bom como para o lado mau" (Fontenelle, p.177); "Exu Pagão é aquele inteiramente sem consciência das coisas, não tem nenhum conhecimento do que é o bem ou do que é o mal, apenas realiza o que lhe determinam ou o que lhes pedem" (Informante A). Eguns e Exus atrasados, portanto, servem aos propósitos que os homens desejam que sirvam. Daí o seu perigo: são as relações entre os homens que determinarão a sua ação. Poderíamos dizer então que, para a Umbanda, o "comportamento anormal" de um indivíduo provém de suas relações sociais.

Mas as entidades que causam (ou são levadas a causar) perturbações mentais são entidades "atrasadas, não evoluídas, que não têm esclarecimento". Exus e Eguns esclarecidos não provocam doenças. Reencontramos aqui a oposição racional/irracional. As relações entre os homens, tendo por intermediário o irracional, levam às perturbações mentais. E o irracional aqui, como antes, é a mente não esclarecida, confusa, portanto, *poluída*. Isto também nos mostra o mecanismo da "perturbação" – encosto, adesão ao periespírito – são formas simbólicas de representar a desordem na classificação. O mesmo nos diz a sua profilaxia: trata-se principalmente de esclarecer, separar, purificar ("desinfetar").

Assim vemos que, tanto na teoria que acusa a Umbanda quanto na teoria que esta apresenta, estamos tratando de poluição. A lógica é a mesma. Só que a Umbanda desloca a poluição para as relações entre os indivíduos. Relações poluídas, poderíamos dizer, em última instância, não a causa última da "anormalidade" (ou não serão elas a própria anormalidade?). Por isto a Umbanda não trata com "LOUCURA" ("Na Umbanda não há psicopatia"), problema situado numa mente individual, mas com "PERTURBAÇÃO", que envolve uma relação. E por isto a sua teoria está repleta de referências à comunicação: "O Exu é um mensageiro"; "a comunicação entre espíritos se dá por aproximação e afastamento"; é preciso haver sintonia... É, não uma teoria da loucura, mas parte de uma teoria da comunicação e interação entre os homens.

V.

Resumindo: não existe, portanto, no sentido estrito, uma teoria da loucura na Umbanda. Loucura é uma categoria da sociedade mais ampla na qual ela está inserida e que reconhece parcialmente, exatamente por sua inserção no sistema, mas não discorre sobre ela. O assunto sobre o qual a Umbanda teoriza não é mais loucura, embora estejamos sempre referidos ao mesmo comportamento "anormal". Uma identidade de objeto e uma forma diferente de percebê-lo. As linhas que separam a normalidade e a anormalidade dos comportamentos são as mesmas. Mas se num caso a anormalidade é classificada como loucura e está no indivíduo, noutro trata-se de uma anormalidade das relações e – como nos disse um informante – "vamos usar a palavra certa, é perturbação".

Entretanto, tratando-se de loucura ou perturbação, a lógica que informa a ambas é a da poluição. Todos clamam pela ordem: no indivíduo (isto é, na cultura individualizada) ou nas relações. E se a teoria mais ampla acusa-a de poluir as ideias, a Umbanda pode contrapor a isto a sua missão de esclarecer os espíritos para não poluir as relações. Ela teme tanto quanto seus acusadores as ideias poluídas.

REFERÊNCIAS BIBLIOGRÁFICAS

BASTIDE, Roger. *As religiões africanas no Brasil*. São Paulo, Livraria Pioneira e USP, 1971, 2 vols.

DOUGLAS, Mary. *Purity and Danger*. Penguin Books, 1970.

CAMARGO, Cândido Procópio Ferreira de. *Kardecismo e umbanda*. São Paulo, Livraria Pioneira, 1961.

ERIKSON, Kay T. *Wayward Puritans*.

FOUCAULT, Michel. *Historia de la locura en la época clásica*. México, Breviarios del Fondo de Cultura Económica, 1967.

_______. *Doença mental e psicologia*. Rio de Janeiro, Tempo Brasileiro, 1968.

RAMOS, Arthur. *Loucura e crime*. Porto Alegre, Globo, 1937.

RODRIGUES, Nina. *As collectividades anormaes*. Rio de Janeiro, Civilização Brasileira, 1939.

LIVROS DE UMBANDA

FONTENELLE, Aluízio. *O espiritismo no conceito das religiões e a lei de umbanda*. Rio de Janeiro, Espiritualista, s/d.

VARELLA, João Sebastião das Chagas. *Orixá e obrigações*. Rio de Janeiro, Espiritualista, 1972, 2ª ed.

5. A circuncisão numa família judia: um estudo de desvio social

Zilda Kacelnik

I. Introdução

O presente trabalho tem como objetivo estudar como um ritual de circuncisão pode ser uma forma peculiar de comunicação, transmitindo conteúdos que se podem constituir em informações úteis num processo de classificação social, processo este que pressupõe modelos e, consequentemente, desvios desses modelos.

Nosso ponto de partida é um ritual de circuncisão, tal como foi atualizado por uma família judia "azquenazita"*, em dezembro de 1972, no Rio de Janeiro. Foi possível fazermos a observação do ritual, uma vez que a família em questão mantém conosco relações de amizade, tendo emitido um convite formal para o nosso comparecimento. Da mesma forma, foi possível realizar entrevistas com alguns membros da família e com alguns amigos ou parentes presentes, na ocasião ou em dias posteriores.

Foi de fundamental importância o fato de sermos identificados pelos informantes como pertencentes ao seu grupo: essa identificação foi evidenciada, além do convite recebido por nós, em diversos momentos, pelo uso de expressões do tipo "você bem

---

* Nome usado para designar os judeus de origem alemã, em oposição a "sefaraditas", os de origem hispânica. A diferente origem geográfica contribuiu para uma grande diversidade cultural entre os dois grupos.

sabe" ou "você também deve sentir isso" ou, ainda, pelo uso de expressões em iídiche* quando foi necessário comentar fatos que, aparentemente, seriam mais bem compreendidos por intermédio dessa linguagem. Uma outra manifestação dessa identificação foi a estranheza causada a alguns dos informantes pelo fato de um "deles" investigar algo dito "de senso comum" entre os judeus.

Todas as questões levantadas tomaram como ponto de partida o fato de a circuncisão ter sido feita recentemente num filho de um membro do grupo, e tentaram, a partir daí, obter dados sobre o significado do ritual para o grupo, a identidade dos judeus e, principalmente, as características que constituiriam um "modelo"** de judeu, e aquelas que poderiam ser consideradas desviantes com relação a esse modelo.

II. O ritual e o seu significado

O primeiro filho do casal nascera oito dias atrás: um menino.

A cerimônia do *briss**** foi marcada para domingo de manhã.

Foram convidados todos os parentes de ambos os lados dos pais além dos amigos mais íntimos e pessoas ligadas por relações políticas ou econômicas. Os convidados são os que também convidam para noivados, casamentos, *bar mitzvot*****, enterros etc.

---

* Dialeto usado pelos judeus de origem alemã. Queremos lembrar que essa divisão está ligada a aspectos culturais e, por exemplo, judeus vindos da Rússia, Polônia, Romênia e outros países são, na maioria dos casos, "azquenazitas".
** Na acepção de Lévi-Strauss (1958).
*** Termo designativo da cerimônia da circuncisão como um todo.
**** Termo plural designativo da cerimônia religiosa realizada quando um menino completa 13 anos de idade.

Ao se aproximar a hora da cerimônia, as pessoas começaram a chegar ao apartamento dos avós maternos da criança, onde esta se realizou, a maioria trazendo presentes para o menino.

As mulheres – muito bem-vestidas – iam sendo avisadas para subirem ao salão de festas do prédio, onde seria servido um almoço, após o término do ritual.

Poucas mulheres permaneceram no apartamento; somente as que muito insistiram para ficar e, mesmo assim, muito chegadas aos pais da criança (uma irmã do pai e uma da mãe da criança, as avós e a observadora, que teve de explicar as razões da sua permanência).

Logo que chegou, o *mohel**, acompanhado de um cantor litúrgico, começou a se preparar para o ritual, lavando e desinfetando as mãos e os instrumentos que usaria em seguida. A criança teve as roupas trocadas, recebendo roupas limpas, e foi entregue à madrinha – irmã da mãe –, que a entregou ao pai da criança, na sala onde todos aguardavam.

O *mohel* saudou o menino em hebraico, dizendo: "Abençoado seja este que vem vindo."

Em seguida, o pai da criança disse, em hebraico: "Estou pronto para desempenhar o preceito afirmativo de circuncidar meu filho, como o Criador – louvado seja – nos mandou fazer, e está escrito na Lei. Que ele, que tem oito dias de vida, deve ser circuncidado entre nós, como todo varão através das nossas gerações."

O padrinho – irmão do pai – pegou a criança e passou-a ao *mohel*, que a colocou sobre uma almofada, e disse uma prece em hebraico, em que louva o Senhor; os presentes responderam com uma prece de louvação. O *mohel* colocou a criança sobre

* Designativo da pessoa que executa a operação da circuncisão: não é bastante nem obrigatório que seja um médico; deve ser um homem religioso e, se possível, dos que cultivam longas barbas, símbolo de ortodoxia.

os joelhos do *sandek** e, antes de efetuar a circuncisão, disse em hebraico: "Abençoado seja, ó Senhor, nosso Deus, Rei do Universo, que nos santificou pelos seus mandamentos e mandou que fizéssemos a circuncisão."

Imediatamente após feita a *milá***, o pai da criança disse em hebraico: "Abençoado seja, ó Senhor, nosso Deus, Rei do Universo, que nos santificou pelos seus mandamentos e nos mandou que fizéssemos nossos filhos entrarem para o pacto de Abraão, nosso pai."

Os presentes responderam: "Assim como essa criança entrou para o pacto, deve entrar para a Lei, o Toldo Nupcial e os bons atos."

O *mohel* continuou: "Abençoado seja, Senhor, nosso Deus, Rei do Universo, que criou o fruto da videira, que, já no útero, santificou Isaac, o bem-amado, ao colocar esta lei na sua carne, e selou seus filhos com o sinal do pacto sagrado ... ."***

"Nosso Deus e Deus de nossos pais, preserve esta criança, para seu pai e sua mãe, e deixe que seu nome seja chamado em Israel '...', o filho de '...' Faça com que seu pai e sua mãe se alegrem. E que esse pacto seja lembrado para sempre, na palavra que o ordenou há centenas de gerações – o pacto feito por Abraão, que o passou a Isaac, e este a Jacó e a Israel, um pacto que durará

---

* Designativo da pessoa a quem foi dada a "honra" de apoiar a criança durante o ritual; geralmente é uma pessoa idosa, um rabino ou alguém muito conhecido e importante para a comunidade. É indispensável que seja tida como religiosa e que seja do sexo masculino. No caso estudado, foi dada a honra ao avô materno da criança. Um fator importante para essa escolha é o fato de que os avós paternos não residem no país e o seu círculo de amizades não estava presente por completo. Assim, o sentido de honra é mais marcado quando estão presentes os membros do grupo do *sandek*. Outro fator foi o avô paterno ter declarado ser demasiado nervoso e sensível para "aguentar" a cena, não desejando presenciá-la.

** Designativo do corte da pele do prepúcio, i.e., a operação em si.

*** A prece é muito longa, repetindo diversas louvações a Deus.

para sempre. Que essa criancinha, '...', se torne grande e, assim como entrou para o pacto, entrará para a Lei, o toldo nupcial e os bons atos."

O *sandek* bebeu do vinho, umas poucas gotas foram dadas à criança e o cálice da bênção foi enviado para que a mãe da criança bebesse e, desta forma, participasse.

O ambiente durante a cerimônia era de grande tensão, principalmente entre as mulheres, que se lamentavam ao ouvirem o choro da criança. Ouvimos algumas vezes nessa ocasião uma frase em dialeto iídiche que significa "é difícil ser judeu".

Logo que a cerimônia terminou, a criança foi entregue pelo *sandek* ao padrinho, deste ao pai e à madrinha, que a levou para o aposento onde a mãe aguardava para amamentá-la.

Foi servido vinho a todos os presentes para um brinde, além de dois tipos de pão-de-ló (branco e de mel). Em seguida, todos subiram para o salão de festas, sendo que logo que chegou o avô materno, lhe foi perguntado, em dialeto iídiche: "Então, já temos mais um judeu?", significando se a circuncisão já havia sido feita, o que foi respondido afirmativamente, com um sorriso de satisfação impresso no rosto.

As horas seguintes foram de festas, com danças e pratos típicos judaicos, que se prolongaram até o entardecer.

A família da mãe da criança é de origem russa. O avô e a avó eram funcionários do governo, tendo o primeiro educação de nível superior e sendo também artista teatral. Viviam, segundo nos disseram, confortavelmente, com as duas filhas pequenas e a avó materna destas. Saíram da Rússia para a Polônia, onde viveram por dois anos e vieram em seguida para o Brasil, onde tinham vários amigos oriundos da mesma cidade russa. Incentivados e ajudados por esses amigos, foram melhorando de situação econômica, com o passar do tempo, e mudaram-se do subúrbio onde se haviam instalado inicialmente, indo morar na Zona Sul da cidade do Rio de

Janeiro.* Atualmente, possuem uma indústria e poderiam ser classificados entre as pessoas de "classe alta"**. Durante todos os anos de permanência no Brasil – chegaram em 1958 – mantiveram essa amizade próxima com as pessoas que vieram da mesma cidade.

A família dos pais da criança reside num país da América do Sul, vizinho ao Brasil. Ambos os avós paternos são poloneses, tendo o avô chegado à América do Sul em 1930 e a avó, em 1945, vinda de um campo de concentração. Constituem uma família muito grande e muito unida. Possuíam, no passado, uma pequena firma comercial e atualmente estão arrolados entre as famílias mais abastadas do país onde vivem.

A "colônia" judaica do país onde residem os avós paternos da criança é menor que a do Rio de Janeiro: o pai da criança não frequentou escola judaica, mas frequentava um grupo de amigos judeus. A mãe da criança começou a frequentar grupos de judeus quando já estava no Brasil; na Rússia, o contato era limitado aos filhos dos amigos dos seus pais, por ocasião de visitas.

Aqueles amigos da mesma cidade foram convidados também para a cerimônia. Poucos não judeus foram chamados: um diplomata daquele país sul-americano junto ao Brasil, amigo dos avós paternos da criança, o proprietário de uma importante empresa comercial, um casal de amigos dos pais da criança, além de uma senhora idosa, amiga de muitos anos da mãe da criança. Destes, só compareceram o diplomata e o casal de amigos.

---

* Quando a informante se referiu à mudança para a Zona Sul, deu ênfase à melhoria da sua condição econômica, da qual essa mudança seria uma consequência e um indicador. Esse dado vem de encontro ao material apresentado por Gilberto Velho, no seu livro *A utopia urbana*; publicado pela Zahar em 2010, e pode nos mostrar como existe a assimilação, por parte de alguns grupos imigrantes, de aspectos da ideologia do local para onde se transferiram.

** Se supomos a existência de três classes: uma baixa, uma média e uma alta, em termos de renda apenas.

O nome escolhido para a criança (nome hebraico) foi uma homenagem ao seu bisavô materno. Inicialmente foi pensado em homenagear o falecido marido de uma senhora, que não é parente, mas que vivia também na mesma cidade russa e é grande amiga dos avós maternos da criança.

Para as pessoas da geração dos avós da criança, fazer a circuncisão é um dos elementos fundamentais para uma criança do sexo masculino ser considerada judia. A primeira razão alegada para a manutenção da prática é a tradição, a religião. Sempre uma razão de higiene é em seguida apontada, mesmo no depoimento de um informante muito religioso, cuja atividade profissional é ligada à prática litúrgica. No entanto, uma diferença importante na ênfase dada a esse fator foi observada entre os informantes que viveram ou vivem em lugares onde a "colônia"* judaica é menor, isto é, onde o aspecto de minoria aparece mais marcadamente para o grupo: para estes, nem se cogita não fazer a circuncisão e ali existe um controle social muito maior do que nas "colônias" maiores. Os casos de indivíduos não circuncidados alcançam um grau de publicidade que praticamente atinge toda a comunidade e sempre esses indivíduos – que são vistos como desviantes** – são obrigados a fazer a circuncisão em qualquer idade em que se deseje casar com uma moça judia.

O mecanismo acionado para obrigar a circuncisão desses elementos está indicado até mesmo no texto da prece que é feita por ocasião do ritual. Nesta prece, o menino circuncidado é declarado apto a ingressar nas Leis – costumes e regras do povo de Israel – e a receber o toldo nupcial. Sem a circuncisão, esse toldo, de caráter simbólico e indispensável à realização do casamento judaico, não

---

* Termo usado pelos informantes para se referir ao grupo dos judeus em determinado local.

** Estamos usando o conceito de desviante, tal como o concebem Becker (2008) e Erikson (1964).

pode ser dado aos noivos e a cerimônia não pode ser feita. Em resumo, a união de duas famílias judias através do casamento só é feita em condições em que fique assegurada a identidade* judaica do noivo.

Mas para ser judeu a operação genital da circuncisão somente não é suficiente (os árabes e outros povos, tais como os Ndembu de Zâmbia estudados por Turner, 1967, também a fazem): sem o ritual, ela não é revestida de validade. Num dos casos que nos foi relatado, uma judia se apaixonou por um rapaz, filho de pais judeus, que não havia feito a circuncisão. Os pais da moça foram informados do fato por membros de uma união religiosa que mantinha o registro e o controle de todos esses eventos no local onde ocorrera o fato. Inquiridos a esse respeito pelos pais da moça, os pais do rapaz declararam que o filho "era tão judeu quanto os outros", mas, como moravam no interior e não puderam mandar buscar um *mohel*, não tinham feito a circuncisão. Estavam, no entanto, de acordo que se fizesse, assim foi feito e se casaram os dois jovens. Em outro caso, em que o rapaz não circuncidado era filho de pai judeu e mãe católica, a prova física de que havia feito a circuncisão não foi suficiente: os pais da moça exigiram um papel escrito por um rabino, declarando que havia sido circuncidado na forma judaica, por um *mohel*.

Essa tradição é vivida de forma diferente quando se trata das gerações mais novas. Os informantes da primeira geração nascida no Brasil declararam que mantêm a tradição por causa dos pais, mas não veem nenhum valor adicional nesse fato: acham que todos os homens deveriam ser circuncidados quando recém-nascidos por questões de higiene, independentemente de serem ou não filhos de judeus, e dispensariam o ritual se os mais velhos

* Ver o conceito de identidade em Oliveira (1971): é importante não confundir as pessoas.

os liberassem. Isso dificilmente aconteceria, e é assunto no qual nem se deve tocar, por parecer absurdo para os mais velhos. Na verdade, em nenhuma das famílias conhecidas e frequentadas por eles seria admitida a fuga a tal prática. Apesar disso, um dos informantes que declarou não valorizar a prática disse ter se sentido orgulhoso na ocasião em que seu filho foi circuncidado.

Uma vez constatado por nós que a circuncisão por si só não é suficiente para conferir identidade de judeu a um menino, apesar da sua importância como componente dessa identidade, procuramos verificar que outras características compõem o modelo dos informantes do que seja um judeu e, por conseguinte, quais as características que fazem pessoas serem excluídas dessa categoria.

Para os informantes mais religiosos* um judeu deve ser nascido de mãe judia; para os outros informantes, se a família é judia, a criança é judia e, se é filho de um casamento "misto"**, isso vai depender da educação que a criança recebe. Existe um consenso entre os informantes com relação à importância da educação para a constituição da identidade do judeu: em diversas ocasiões esse fato foi apontado como importante pelos informantes, na maioria das vezes associado à ascendência. A frequência das crianças à escola e grupos judaicos foi apontada como fator importante para essa educação: "para que se sinta judeu, é importante que vá para a escola (judaica); os que não vão, não 'sentem' tanto". Isso porque é na escola que lhe são dados os elementos que lhe permitirão "sentir-se" judeu***, isto é, sentir-se um membro de um grupo em que nem todas as pessoas que conhece estão incluídas. Entre esses elementos encontra-se o estudo do dialeto iídiche,

* Aqui entendidos como um tipo de pessoa dentro do grupo que conhece e respeita muito as leis religiosas, podendo ter atividades ligadas a essa prática.
** Casamento com não judeu, na forma em que os informantes a ele se referem.
*** "Sentir-se", aqui, nos parece sinônimo de "identificar-se", no sentido em que estamos usando esta palavra.

que é uma forma de comunicação muitas vezes usada entre os judeus, mesmo no dia a dia, que, segundo eles, em certos casos, expressa as coisas numa forma mais completa. Mesmo nas entrevistas, muitas vezes foi necessário recorrer a palavras em iídiche, normalmente para se referir a coisas que os *goim** não têm, tais como expressões cômicas de caráter idiomático, palavras ligadas aos rituais judaicos etc.

Na verdade, existe um verdadeiro processo de classificação que é posto em andamento nas situações sociais em que se defrontam um judeu e uma outra pessoa, a fim de que o primeiro possa identificar a segunda e saiba como agir diante dela**. Nesse processo é subjacente a pretensão de separar e não confundir as categorias, isto é, estar-se bem certo de quem é quem. Mas isso não impede que a ambiguidade e a manipulação das categorias surja. Assim, se um filho de "casamento misto" frequenta ambientes judaicos desde criança, isto é, é socializado entre os judeus, a ponto de "sentir-se" judeu, é provável que não seja tão estigmatizado*** quanto um que não tenha tido essa socialização; é provável até que seja aceito como judeu para fins de casamento, desde que seja circuncidado nos moldes tradicionais e se converta ao judaísmo.

Uma indicação bastante clara da ideia de separação dos dois grupos – judeus e não judeus – aparece nas referências: "Lá tem muita mistura, infelizmente" (referindo-se ao elevado número de casamentos com não judeus em determinado lugar); "Ele se considera judeu, apesar de que já andou muito com garota *goi*"; "É

* Termo usado para designar os não judeus.

** Na própria situação da entrevista, os informantes, antes de falarem nos classificavam, ao saberem nosso nome, quem eram nossos parentes etc.

*** Estamos usando o conceito de estigma de Goffman (1963). Devemos lembrar que este é usado para se referir a um atributo desacreditador, mas que só tem significado num sistema de relações e não de atributos: assim, um atributo que estigmatiza um tipo de possuidor pode confirmar a "normalidade" de outro, não sendo nem honroso nem ignominioso em si mesmo (p.110-1).

verdade que a mãe dele não é iídiche*, mas, desde criança, sempre andou com judeus".

A separação é tão clara quanto a ambiguidade das pessoas diante dela: um mesmo informante que disse não atribuir valor religioso à circuncisão declarou que não deixaria de fazê-la, sempre por causa dos outros, isto é, por causa dos pais e da comunidade. Mais adiante, disse: "eu não sou contra os *goim*, tem muito *goi* aí melhor do que judeu", e pouco depois: "o que eu acho, com sinceridade, é que *goi* casar com judeu não dá certo" (leia-se: as duas categorias são boas, mas não devemos misturá-las).

Pudemos perceber que nossos informantes se identificam com um determinado grupo, o dos judeus. Mas é a situação que engendra essa identificação; para Oliveira (1971, p.7) a situação em que a identidade étnica é conscientizada é a de contato interétnico. Em outras palavras, fica claro que quando as pessoas se identificam como membros de algum grupo, no caso, um grupo étnico**, estão tomando posições num sistema de relações definido: no mesmo momento em que se classificam, estão classificando, por um processo de oposição, os outros grupos, que nada mais são do que categorias complementares ao primeiro: assim, sem o *goi*, não haveria o "judeu"***.

Por essa razão é que os informantes declaram: "Em Israel é diferente: lá só há judeus." Apesar dessa afirmação não corresponder à realidade, corresponde, pelo menos, a uma situação idealizada, um modelo do oposto do que existe aqui: a conjunção de judeus e não judeus, criando uma necessidade constante de se saber os limites dos grupos e de se poder identificar univocamente seus integrantes. Surgem, no entanto, ocasiões em que a

---

* Aqui usado como sinônimo de "judia".

** Estamos usando a definição de grupo étnico dada por Barth (1969).

*** Esse é o conteúdo da noção de "identidade contrastiva", usada por Barth (1969) e explorada por Oliveira (1971).

preservação dessa rigidez seria prejudicial: deve haver formas de manipular esses limites, a fim de se poderem assumir papéis no mundo não judeu, sem muitos embaraços*. Por essa razão, em alguns casos, não judeus são aceitos como judeus e judeus são excluídos do grupo, pelo mesmo mecanismo: um judeu pode não ser aceito pelo grupo se não é circuncidado; um não judeu pode ser circuncidado em qualquer idade e se converter em membro do grupo (desde que cumpra outras formalidades religiosas); um não judeu pode "sentir-se" judeu se frequenta "amigos iídiches" e um judeu que "só anda com *goim*" é às vezes excluído por não se "sentir judeu"; mas um judeu pode frequentar certo tipo de amigos *goim* e até fazer com que estes participem de suas festas mais fechadas sem ver ameaçada diante da comunidade sua identidade judaica: é importante frisar que os amigos *goim* convidados pelos informantes para ocasiões importantes são pessoas de posição econômica muito elevada ou que ocupam posições estratégicas no mundo não judeu. Não é difícil compreender esse fato, se nos lembrarmos de que os informantes a que nos referimos gozam de importante posição econômica e de prestígio fora da comunidade judaica e tais convidados pertencem, por assim dizer, à sua mesma classe social**.

Não nos seria também difícil ilustrar, ao examinarmos o material de que dispomos, a hipótese de Barth (1969) segundo a qual os

---

* Um mecanismo que julgamos importante para a manipulação da identidade é a posse, por quase todos os judeus, de dois nomes: um "brasileiro" e um em hebraico (o nome iídiche).

** Pode ser esclarecedora aqui a noção de "papel intercultural" de Siegel (1954, p.93). Nossos informantes pertencem a um grupo estratificado socialmente, na mesma base da sociedade maior em que está inserido. Ser judeu de classe alta, por exemplo, significa estar incluído numa classe social que abrange não só uma camada daquele pequeno grupo, mas também uma camada da sociedade como um todo. Para Siegel, "a representação de um papel intercultural reflete as áreas de interesse que estão partilhadas pelos dois grupos em contato".

grupos étnicos são formas de organização social ("na medida em que os atores se valem da identidade étnica para classificarem a si próprios e os outros para propósitos de interação, eles formam grupos étnicos, em seu sentido de organização"). Há mecanismos dentro do grupo que estudamos que servem a finalidades específicas de organização.

Em primeiro lugar, existe um controle de todos os eventos da vida individual que dizem respeito às características que identificam as pessoas como judias: esse controle é feito através do registro minucioso de nascimentos, nomes, datas de circuncisão, contratos de noivado e de casamento, divórcios, *bar mitzvot*, mortes, junto às congregações religiosas; paralelamente, a comunidade "sabe" quem são as pessoas de maior poder econômico e político, a elas recorrendo por ocasião de crises. Essas crises, em geral, são situações por que passam as diversas instituições culturais, religiosas ou beneficentes de caráter exclusivamente judaico, ou mesmo membros individuais do grupo. No Rio de Janeiro existem oito colégios israelitas, sete sinagogas azquenazitas e duas sefaraditas, um hospital beneficente, um orfanato, um lar para senhoras, um lar para velhos, duas organizações de beneficência, um instituto de cultura que desenvolve inclusive atividades artísticas, quatro grandes clubes sociais e pelo menos duas organizações do tipo bandeirantes e escoteiros em funcionamento hoje.

É generalizado o hábito de se apresentar amigos judeus a outros, de sexo oposto, também judeus, com a finalidade explícita de facilitar os casamentos dentro do grupo. Foi dessa forma que dois dos nossos informantes se conheceram e se casaram. Não é pequeno o número de casos semelhantes que conhecemos de perto. Também não o é o número de casos de pessoas que se conheceram em casamentos e outras festas judaicas.

Nesse sentido, cada uma dessas ocasiões festivas atualiza na sua plenitude a organização do grupo como um todo: se tomarmos o ritual de circuncisão como unidade de análise, podemos ver que este se relaciona com um todo de significação mais abrangente, ao qual devemos recorrer sempre que desejarmos encontrar respostas para as perguntas que surgem. Esse todo seria o conjunto de elementos que o grupo manipula para discriminar todas as categorias do seu sistema de classificação.

Se, por um lado, a circuncisão pode servir, no dizer de Van Gennep (1909), para marcar a transição de um indivíduo de um status a outro (no caso que examinamos, deixar de ser um não judeu para ser judeu), ela pode, por outro lado, ser vista, pela sua qualidade dramática*, como uma forma de enfatizar um tipo de classificação social operativa num grupo altamente organizado.

Aparece no ritual da circuncisão a ênfase que o grupo dá ao papel masculino e, portanto, à divisão primária entre homens e mulheres, divisão essa hierarquizada: só os homens, com raras exceções, assistem, como já foi dito, ao ritual; as duas únicas mulheres que se encontravam presentes, além da pesquisadora, foram a mãe da criança, que não ficou no mesmo aposento em que o ritual teve lugar, isto é, ficou *separada*, a madrinha, (que, segundo declarações de um informante religioso, é uma inovação que só foi introduzida em alguns países, por "imitação de costumes locais" ou por questão de "moda", "que nada tem a ver com a religião"), além de uma tia paterna da criança e as avós, que não olharam o ritual.** Para as crianças do sexo feminino não há ritual de grande porte por ocasião do nascimento ou nominação:

* "Dramatização é a estratégia de comunicação tipicamente empregada por grupos de solidariedade para manter sua altamente organizada, mas vulnerável, definição da situação." Para Goffman, a solidariedade e a dramatização são vistas como criações humanas que devem ser constantemente renovadas e revisadas para várias audiências (Goffman, 1959, citado por Young, 1965, p.3).

** Se considerarmos que havia cerca de duzentas pessoas presentes à festa, entre homens e mulheres, veremos que esse número é realmente irrelevante.

é costume apenas que o pai da criança vá à sinagoga, à hora de um dia qualquer normal de rezas, para registrar o nascimento e o nome dado à criança, participando de uma prece.

Outro elemento que é enfatizado nessa ocasião é a posição de prestígio das gerações mais velhas: o *sandek* é sempre uma pessoa idosa religiosa, de preferência uma pessoa importante para a comunidade. Na maioria dos casos, o *sandek* é um membro da geração dos avós. Além disso, o número de pessoas da geração dos avós da criança que estava presente era bem maior que o de pessoas de outras gerações.*

A presença de todos os parentes de ambos os lados e dos amigos mais íntimos, todos judeus, com raríssimas exceções, poderia ser interpretada como um mecanismo de manutenção de barreiras**. Dessa forma, o conhecimento de certos costumes e valores fica quase que totalmente restrito aos membros do grupo, protegido, por assim dizer, de influências estranhas. Esse mesmo fator nos parece ser indicador da presença de uma teia de relações de reciprocidade: as pessoas presentes no ritual são quase invariavelmente as mesmas que comparecem a outras reuniões sociais, as mesmas a quem se recorre em ocasiões de dificuldade de informações sobre outras pessoas da comunidade.

* De certa forma, os avós da criança adquirem maior prestígio no interior do grupo de pessoas da sua idade quando se tornam avós: é quase que uma passagem, no sentido gennepiano do termo, também para eles. O nascimento de um neto e a preservação das tradições expressa para eles uma continuidade altamente valorizada: "Um neto é uma continuação das nossas vidas": e, a nosso ver, é uma nova oportunidade para testar um certo tipo de poder (assunto que desenvolveremos mais adiante).

** Siegel, 1954, p.89.

III. Conclusões

A partir do que dissemos anteriormente, parece-nos que podemos interpretar o ritual da circuncisão no grupo que examinamos, através dos nossos informantes, como um elemento que, em conjunção com outros, funciona num sistema de classificação*.

A circuncisão parece atuar em dois níveis interligados da realidade: num nível, o do interior do grupo, funciona como forma de comunicação: os gestos do ritual indicam a participação num grupo particular de valores, enfatizando a solidariedade grupal (Douglas, 1970); noutro nível, do grupo tomado em conjunto com outros grupos, parece ser um dos sinais que servem para estabelecer-lhe as fronteiras. Esse sinal, no entanto, só é efetivo se atuar em conjunção com outros elementos: assim, existe um modelo do que seja um judeu, isto é, a categoria "judeu" é delimitada a partir de um conjunto de componentes, entre os quais estão a circuncisão (quando se trata de homens, é claro), a ascendência judaica, a educação, os valores e as tradições judaicas.

Ficou, então, bastante claro para nós que tal sistema de classificação só poderia atuar numa situação em que essas fronteiras tivessem grande importância (para serem ou mantidas ou manipuladas). Essa situação, a situação de contato interétnico é para Oliveira (1971) a desencadeadora da formação da identidade étnica, fenômeno que, como pudemos ver, é fundamental para o grupo

* Não adotamos na íntegra a perspectiva de Van Gennep (1909), que vê o que chama de ritos de passagem como a transição de um indivíduo pelas diversas posições que ocupa ao longo da sua vida em grupo. Isso porque analisa o rito e o decompõe em fases que nem sempre estão presentes em eventos dessa ordem, amarrando a sua identificação à presença de conteúdos rituais específicos. No entanto, é fundamental o ter mostrado a importância social, e não fisiológica das operações genitais, enfatizando o aspecto de participação do indivíduo numa comunidade (Young, 1965, desenvolve uma abordagem de dramatização das cerimônias de iniciação, e critica esses aspectos em Gennep).

que estudamos. Para ele, a conscientização pelos atores dessa situação seria etnocêntrica em larga escala e se assumiria como ideologia (p.7). Em outras palavras, ao se classificar, ao se identificar, o indivíduo classifica o outro, etnocentricamente, usando os mesmos critérios que usou para classificar a si mesmo, como vimos anteriormente. É, pois, em função de si mesmo, e por exclusão, que o outro é classificado, tornando-se, assim, uma categoria complementar dentro de um mesmo sistema de representações que não pertence necessariamente às duas partes.

Julgamos importante apontar para questões que têm sido recentemente levantadas acerca do que aqui chamamos "comportamento desviante" (ver Becker, 2008 e Erikson, 1964). Uma nova abordagem tem passado a examinar esse comportamento como integrante de um processo interativo, que envolve uma relação entre os "desviantes" e os "não desviantes", relação esta de caráter complementar: um é definido pelo outro, um não pode existir sem o outro, um é função do outro. Assim sendo, vem assumir uma importância fundamental a investigação do processo pelo qual os desviantes assim passam a ser definidos pelo resto da sociedade em que vivem, ou por um grupo particular em relação ao qual são assim considerados.

Se voltarmos a considerar o caso que aqui examinamos, e o relativizássemos ao máximo, poderíamos nos perguntar até que ponto estamos lidando com um grupo que, como um todo, não constituiria um grupo desviante em relação à sociedade em que se insere, diante da sua situação de minoria, vista através de estereótipos especialmente carregados? E, diante dessa questão, como classificar um elemento desviante dentro de um grupo desviante? Será que a sociedade abrangente vê esse elemento como "desviante" ou não é sensível às classificações que se constroem no interior daquele grupo, para ela indiferenciado? Estaríamos, então, diante da questão da existência ou não de uma ideologia dominante.

Pensamos que essas considerações podem servir para mostrar com maior clareza a relatividade do conceito de "desviante", que só pode existir quando confrontado com um padrão, ideologicamente eleito como "normal". Como esses padrões variam de grupo para grupo, um mesmo indivíduo pode ser classificado ou não como "desviante", dependendo da *situação* e da *reação do grupo* ao seu comportamento. É nesse sentido que, ao estabelecer os padrões, ao criar as regras, o próprio grupo cria os desvios – caracterizados como a quebra dessas regras e padrões – e classifica os infratores como desviantes. Esse mecanismo de classificação pode ser visto como maneira estratégica de delimitar as fronteiras desses grupos (como nos mostrou Erikson, 1964).

É importante repetir que, como todo sistema de classificação, aquele de que tratamos aqui é intensamente manipulado pelos seus portadores, através das reações que têm por ocasião da quebra de determinadas regras. Vimos nos casos que examinamos que a infração pode ou não causar a estigmatização do infrator: a reação da comunidade é decisiva.

Uma outra pergunta, colocada por Becker (2008), que sempre pode surgir, e que julgamos válida neste contexto, é quem pode fazer os outros aceitarem as regras e quais as causas do seu sucesso no caso em exame, fica patente que o poder é detido pelas gerações mais velhas e de certa forma os informantes percebem isso: "Por mim, eu faria a circuncisão no hospital... mas a 'pressão' exige que se faça oito dias depois do nascimento"; "talvez daqui a alguns anos isso mude" (isto é, quando o informante atingir a idade de ficar numa geração mais velha, detendo o poder de decidir); "conheci um caso de um rapaz iídiche que se casou com uma *goi*: o pai e a mãe tinham morrido e ele se casou" (havia desaparecido a principal fonte de pressão); "sei de muitos casais que se separam (em casos de casamentos com não judeus), porque os pais não aceitam, ignoram os filhos..."; "se não quisesse fazer a circuncisão, meus pais e os conhecidos fariam pressão: isso simplesmente não poderia acontecer."

Finalmente, vimos que o grupo delimitado pelo conjunto de elementos de identificação que aqui examinamos possui uma organização peculiar, de caráter não corporativo, que pode assegurar a seus membros* um elevado grau de segurança em determinadas situações. Essa segurança decorre fundamentalmente de uma forte solidariedade interna, expressa em relações de reciprocidade e em mecanismos institucionais que asseguram ao membro do grupo apoio moral e econômico em diversas épocas da sua vida.

REFERÊNCIAS BIBLIOGRÁFICAS

Barth, Fredrik. *Ethnic Groups and Boundaries*. Londres, George Allen and Unwin, 1969.

Becker, Howard S. *Outsiders: Estudos de sociologia do desvio*. Rio de Janeiro, Zahar, 2008.

Douglas, Mary. *Natural Symbols: Explorations in Cosmology*. Londres, The Cresset Press, 1970.

Erikson, Kai T. "Notes on the Sociology of Deviance", in Howard S. Becker (org.), *The Other Side, Perspectives on Deviance*. Nova York, The Free Press, 1967.

Gohman, Erving. *The Presentation of Self in Everyday Life*. Londres, Pelican Books, 1971.

_______. *Stigma: Notes on the Management of Spoiled Identity*. Londres, Pelican Books, 1970.

Lévi-Strauss, Claude. *Antropologia estrutural*. Rio de Janeiro, Tempo Brasileiro, 1970.

Oliveira, Roberto Cardoso de. *Identidade étnica, identificação e manipulação*. Cambridge, mimeografado, 1971.

Siegel *et al.* "Aculturação: Uma formulação exploratória", in *Textos de Etnologia*, janeiro de 1961. Instituto de Ciências Sociais, 1954, p.86-107.

Turner, Victor. *The Forest of Symbols*. Ithaca, Cornell University Press, 1967.

* Ser membro do grupo = identificar-se e ser identificado pelos outros membros como tal.

Van Gennep, Arnold. *The Rites of Passage*. University of California Press, 1966.
Velho, Gilberto. *A utopia urbana*. Rio de Janeiro, Zahar, 7ª ed., 2010.
Young, Frank W. *Initiation Ceremonies: A Cross-Cultural Study of Status Dramatization*. Nova York, The Bobbs Merrill Co., 1965.

6. Estigma e comportamento desviante em Copacabana

Gilberto Velho

I. Introdução

Este artigo tem como objetivo relacionar uma situação de *estigmatização* com acusações de *comportamento desviante*, partindo de pesquisas realizadas no bairro de Copacabana, na cidade do Rio de Janeiro. Os dados apresentados referem-se, basicamente, a dois grandes edifícios - um exclusivamente constituído de apartamentos conjugados, e o outro apresentando apartamentos de sala e dois quartos, ao lado de conjugados. Este segundo tem 540 apartamentos com uma população de cerca de 2.500 pessoas e, no outro, vivem 450 indivíduos em 166 apartamentos. Entre os moradores dos dois prédios não surgem diferenças significativas em termos de renda ou ocupação. Predominam, em ambos os edifícios, comerciários, pequenos funcionários públicos, bancários, pequenos comerciantes e profissionais liberais assalariados.

II.

Ambos os prédios são considerados, na vizinhança, como "balanças". Ou seja, são vistos como locais "pouco familiares", "mal frequentados", "uma bagunça". A identidade social dos moradores dos dois prédios é marcada por esta categorização desabonadora.

Passam a ser *estigmatizados**. Há, no entanto, diferenças entre os dois prédios. O maior é bem mais "famoso" do que o outro. Já foi alvo de reportagens, constante noticiário policial. É um prédio conhecido em toda a cidade, especialmente na Zona Sul. A notoriedade do prédio menor é mais restrita a sua vizinhança mais próxima. Logo, em termos de *estigma*, pode-se dizer que os habitantes do prédio maior estão mais expostos do que os do outro, na medida em que círculos sociais mais amplos o conhecem. Como se manifesta, na prática, esta estigmatização? Os prédios são vistos como lugares turbulentos, habitados por pessoas de menos recursos e onde são encontrados, em grande número, indivíduos desviantes. Assim, em primeiro lugar, constata-se a crença dos moradores vizinhos de que os habitantes dos dois prédios examinados são de *posição social inferior.* O fato de morarem em apartamentos pequenos é o primeiro dado, mas é reforçado pela sua aceitação em residir em prédio de "má fama". Só pessoas de posição social inferior podem aceitar "tal forma de morar". A "turbulência" é explicada pela presença de desviantes. Em diferente proporção, acredita-se que haja um grande número de prostitutas e homossexuais nos dois edifícios. Para várias pessoas entrevistadas, o prédio maior é identificado como sendo um gigantesco bordel. O outro, sem chegar a isto, é identificado como sendo um lugar pouco recomendável para famílias.

III.

Os moradores dos dois prédios mas especialmente do maior, procuram, em sua grande maioria, "disfarçar" o lugar onde moram.

---

* Ver conceito de estigma em Goffman, Erving. *Stigma.* Nova Jersey, Prentice-Hall Inc., Englewood Cliffs, 1963.

Encontrei explicações do seguinte tipo: "Evito dar o meu endereço no trabalho e para conhecidos. Só quando as pessoas me conhecem bem, já são íntimas, é que me sinto mais à vontade. Tenho medo que possam ficar achando coisas", ou então: "As pessoas da vizinhança olham para a gente como se fôssemos prostitutas só por morar aqui". Muitos moradores dos prédios vieram de outros Estados e desconheciam sua "fama". Procuraram no jornal apartamento para alugar, acharam o preço bom e providenciaram mudança. O fato é que no prédio maior, especialmente, os preços estão bastante desvalorizados. A diferença em relação a outro apartamento do mesmo tamanho em Copacabana era de, pelo menos, 20%, tanto para aluguel como para venda. Assim essas pessoas vão descobrir, depois de moradores, que o edifício em que moram vai marcar sua identidade social, naquela área ou na cidade, de forma negativa. Há outra variável em jogo, no entanto. Muitas pessoas, a maioria, sem dúvida, decidiram ir para esses prédios, embora conhecessem sua fama. Foi mais importante para este grupo a possibilidade de morar em Copacabana. O preço que tiveram de pagar foi sujeitar-se a viver num prédio "ruim", num apartamento pequeno, mas em Copacabana, o bairro para onde queriam ir acima de tudo*. Desta forma, sua identidade fica extremamente ambígua. De um lado, são moradores do "melhor bairro do Rio", do lugar "que tem tudo, não falta nada" mas, de outro lado, vivem em prédio de "má fama". Em termos de estratégia de vida, importa ver que são raríssimos os casos de pessoas que, de livre e espontânea vontade, decidem sair do prédio, abandonando Copacabana. As aspirações consistem em sair dos prédios, no máximo, mas contanto que isto não signifique a volta para a Zona Norte, o subúrbio etc.

---

* Este tema é um dos assuntos centrais examinados em *A utopia urbana*. Rio de Janeiro, Zahar, 2010, de minha autoria.

Os prédios de conjugados têm sido condenados por técnicos dos mais diferentes tipos – arquitetos, urbanistas, sanitaristas, psicólogos etc. Nos últimos anos, estas declarações têm sido divulgadas nos jornais, revistas, televisão etc. Já foram comparados às favelas, definidos como subabitações e coisas do gênero. Essas informações chegam não só aos vizinhos do prédio, como, evidentemente, aos próprios moradores.

IV.

Nas entrevistas que realizei com vizinhos dos dois prédios havia a clara atitude de caracterizar as populações destes como compostas de "gentinha", "pessoas porcas, sem educação", "gente de favela". Foi dito que os prédios citados "estragam o ponto", conspurcando o ambiente. Poderia haver especificações quando se afirmava que os apartamentos dos edifícios vizinhos desvalorizavam-se, em virtude de sua proximidade. Muitas vezes surgia a preocupação com os filhos e, especialmente, com as filhas, vivendo perto de um "antro de marginais", próximos a "má companhia", podendo ser confundidos. Esta preocupação apareceu com grande frequência. Os vizinhos temem que eles e seus filhos possam ser confundidos com os moradores dos dois prédios. A sua identidade de pessoas "respeitáveis", de "família" fica ameaçada. Uma das reclamações girava em torno das batidas policiais. Embora as reconhecessem como necessárias, pois os dois edifícios são "realmente uma bagunça", a operação, fatalmente, envolvia pessoas da vizinhança que passavam por humilhações devido à presença dos dois prédios. Alguns vizinhos opinaram que os prédios deviam ser destruídos e sua população removida "como fazem com as favelas". "Essa gente não pode viver perto de pessoas direitas", "não podem morar num bairro como Copacabana", são algumas das frases encontradas.

Algumas pessoas admitem que nem todos os habitantes dos dois prédios sejam marginais, prostitutas ou homossexuais: "Sei que ali moram também famílias mas deviam fazer alguma coisa", "Não sei como pessoas podem criar filhos nesse lugar", "É claro que deve ter gente decente lá mas são uns carneiros, não se mexem, não reagem". Mas o fato é que, na maioria dos casos, os habitantes dos dois prédios são vistos e discriminados como um todo pelos seus vizinhos: "O pessoal do edifício X", ou "Esses cafajestes do Y". Há um certo consenso de que a maioria dos habitantes ou "não presta", ou é "gente ignorante, porca". O fato é que morar nesses dois prédios constitui um *símbolo de estigma*, contrastado com o fato de morar em Copacabana, que seria um *símbolo de prestígio**, marcando uma *discrepância de identidade*.

V.

É importante verificar como os moradores dos prédios em questão vivem sua situação de estigmatizados. Neste ponto há uma diferença sensível entre as duas populações. No prédio menor, menos notório, muitas pessoas procuram descaracterizar a situação, dizendo que "há muita invenção, exagero", "é um prédio como qualquer outro", enquanto pouquíssimos entrevistados do prédio maior fizeram este tipo de colocação. Os dois grupos, no entanto, vão coincidir quando atribuem os problemas, maiores ou menores, a *indivíduos desviantes*, residentes nos edifícios. Embora, em casos concretos, possam não fornecer dados que corroborem suas teses, quando se trata dos problemas do prédio em geral e de sua fama, citam as prostitutas e homossexuais como as causas essenciais desta problemática. Tanto os moradores que procuram

* Ver Goffman, Erving, op.cit., p.43.

enfatizar como falsas ou exageradas as informações existentes sobre os seus prédios, como aqueles que concordam que existam problemas sérios, atribuem a existência destes a um grupo específico – os desviantes homossexuais e prostitutas. Os incidentes do prédio seriam causados por esses indivíduos e por seu comportamento "imoral". Não resta dúvida de que o cotidiano desses dois edifícios é constantemente perturbado por incidentes, não raramente coroados pela intervenção da rádio-patrulha. No entanto, através de observação e entrevistas, pouquíssimos casos narrados ou registrados tinham algo a ver com as pessoas rotuladas como desviantes. Predominam, esmagadoramente, incidentes entre vizinhos e entre marido e mulher, ligados a reclamações sobre barulho, incidentes entre crianças, desentendimentos conjugais. Nos casos de briga entre marido e mulher, verificou-se que, muitas vezes, um vizinho preocupado ou incomodado com a gritaria telefonava, imediatamente, para a polícia. Vários incidentes corporais, nascidos de desentendimentos sobre horário de ligar o rádio ou a televisão, como dependurar roupa molhada nas janelas etc., perturbam a vida do prédio, tendo grande repercussão dentro e fora dele, com ajuntamento de curiosos e noticiário na imprensa nos casos mais graves. Apesar de descreverem e presenciarem estes fatos, sem a participação dos desviantes, os entrevistados insistem em dizer que "o que estraga o prédio são essas mulheres da vida e esses afeminados". Alguns casos registrados, envolvendo as pessoas acusadas de desviantes, tinham como padrão a iniciativa de algum morador "normal" repreendendo o desviante ou insultando-o, pura e simplesmente. Um dos casos mais sérios envolveu uma senhora de meia-idade que, ao viajar no elevador com uma das mulheres acusadas de prostituição, não se conteve e ofendeu-a em altos brados, censurando seu modo de vestir que "provocava os homens". Em outra situação, os vizinhos de um apartamento que seria habitado por prostitutas não se contiveram ao ouvir música mais alta e chamaram a polícia, informando a realização de uma "bacanal" que os impedia de dormir. Ao chegar a polícia, verificou-se estar havendo uma festa de aniversário, sem presenças masculinas. De vez em quando, são organizados movimentos para expulsar "maus elementos" do prédio. Esses movimentos podem ser liderados por um síndico "empreendedor", disposto a "limpar o nome do prédio" ou por um grupo de moradores zelosos em defender a integridade e pureza de suas famílias. Em alguns casos, a pressão é tamanha que o acusado, ou por sua decisão ou pressionado pelo proprietário, acaba saindo do prédio. Na maioria dos casos, no entanto, o movimento se esvazia, por insuficiência de provas ou perda do entusiasmo inicial, diante de dificuldades jurídico-burocráticas. O fato é que existe um ambiente potencial favorável ao surgimento periódico de "cruzadas" moralistas. Em ambos os prédios, muitos entrevistados falaram de um "passado tenebroso", quando o tumulto seria constante, o número de desviantes seria maior e a ausência de tranquilidade absoluta. A situação teria mudado devido à reação dos moradores "decentes" e de síndicos mais "enérgicos". Mas o perigo permanecia e era necessária uma permanente atitude vigilante. A "fama" dos prédios devia-se a esse período. Neste ponto volto a lembrar a diferença de problemas sérios no presente, embora dissessem que tinha melhorado, enquanto no menor muitos negavam a existência de problemas graves na época das entrevistas. Mas, mesmo neste caso, eram apontados indivíduos "suspeitos" no prédio, que poderiam vir a causar problemas.

VI.

Resta verificar como são identificados os desviantes, como são determinados os indivíduos responsáveis pelos problemas do prédio.

Insisto que a condição de desviante não é intrínseca a um indivíduo mas é produto de uma *relação social* como mostra Howard Becker*. Ou seja, uma pessoa ou pessoas são identificadas ou acusadas de desviantes por um grupo, havendo uma relação entre os *desviantes* e os *não desviantes.* No caso estudado as pessoas de fora dos prédios não especificam, de um modo geral, indivíduos desviantes nos prédios, limitando-se a rotular, em geral, a sua população. Mas, dentro dos edifícios, revela-se como mecanismo fundamental a identificação de certos indivíduos *específicos* como sendo impuros, responsáveis pelos problemas e notoriedade do lugar onde moram e como permanente ameaça ao bem-estar de seus vizinhos. Reclama-se muito dos proprietários que não selecionam com cuidado seus inquilinos, não permitindo, portanto, que os moradores do prédio sejam "peneirados". "Esses proprietários não moram aqui, querem é ganhar o seu dinheirinho, sem se importar com o nome do prédio. Nós que queremos criar direito nossos filhos é que somos prejudicados", foi uma das declarações encontradas a esse respeito. Como se viu, existe uma fraca relação entre os incidentes propriamente ditos e as pessoas identificadas como desviantes. Não é de meu interesse discutir se as pessoas acusadas são "realmente" homossexuais ou prostitutas, mas sim verificar como são identificadas pelos outros moradores. Uma moça que foi entrevistada afirmou que, ao mudar-se para o prédio, os vizinhos a olhavam com desconfiança. Só quando seus pais vieram passar alguns dias com ela foi que mudou a atitude dos outros moradores. Até aquele momento, estava sob suspeita de ser uma prostituta. Tratava-se de uma jovem com emprego fixo mas que morava sozinha no apartamento. As acusações mais frequentes são feitas a duas ou mais mulheres, mais ou menos jovens, que morem juntas. Nos dois prédios, os apartamentos ha-

* Ver Becker, Howard. *Outsiders: Estudos de sociologia do desvio.* Rio de Janeiro, Zahar, 2008.

bitados por esse tipo de pessoas tornavam-se imediatamente suspeitos e fonte de boatos e mexericos. Olhares maliciosos ou críticos são trocados entre os moradores nas proximidades dessas mulheres, outras vezes piadas mais ou menos "grossas" são ditas por homens residentes no prédio. Algumas pessoas, especialmente mulheres, recusam cumprimentar e evitam entrar no elevador junto com elas etc. É fundamental *não ser confundida*. Embora com menos frequência, homens de meia-idade que vivam sozinhos são suspeitos em potencial. Nos dois casos a atitude da vizinhança pode tornar-se bastante ostensiva se homens, em geral, no primeiro caso, e rapazes, no segundo, forem vistos entrando ou saindo dos apartamentos. Se estes fatos forem registrados em horas suspeitas – tarde da noite ou de manhã cedo, a reputação desses moradores estará irremediavelmente conspurcada. Outro dado que é usado normalmente para classificar desviantes é o vestuário e a maquiagem. Roupas mais ou menos justas, vestidos curtos, cores berrantes, pintura "exagerada" podem ser considerados indícios importantes, especialmente se acompanhados por certos trejeitos, maneira de andar etc. No caso das mulheres, se elas utilizam palavras de "baixo calão", ter-se-á mais um dado importante. Outra variável fundamental é a ocupação da pessoa em questão. Não ter ocupação pode ser o elemento definitivo para definir uma mulher jovem, que mora sozinha, como desviante. Certas ocupações como "atriz de televisão", "modelo" etc., são alvo de marcante desconfiança. No caso de homens, "artista" pode ser, também, decisivo. Num dos prédios estudados, dois atores de teatro, desde o primeiro dia, foram objeto de hostilidade e ironia da vizinhança. Neste caso, surgia a suspeita de que fossem não só homossexuais como maconheiros.

VII.

Os moradores dos dois prédios apresentam um claro problema de *ambiguidade* em sua identidade social. Consideram que morar em Copacabana é símbolo de status, de prestígio. Mas, por outro lado, são estigmatizados pelo fato de residirem em prédios "balanças", mal-afamados. A maneira que encontram para enfrentar esta contradição é achar "bodes expiatórios" que possam ser apontados como responsáveis pelos problemas dos edifícios. Assim surgem acusações contra pessoas que, por sua vez, apresentam sinais de ambiguidade e "impureza" mais explicitamente*. Homens maduros não casados, mulheres jovens vivendo em grupo, ocupações "duvidosas" etc. são objeto de preconceito e discriminação, podendo traduzir-se em aberta atitude de hostilidade como nos movimentos para remover os "indesejáveis". O fato de se sentirem marcados por morarem onde moram, afetando seu prestígio social, leva-os a uma atitude moralista militante, em que fica reafirmada sua condição de pessoas "de família" e "direitas". Tratam de desmentir sua "inferioridade social" dando provas de sua "dignidade" e "boa educação". Deve-se dizer que estas "cruzadas" são as únicas situações em que se pode perceber alguma tentativa mais contínua de ação coletiva por parte de uma fração dos moradores do prédio.

Por outro lado, a vizinhança do prédio, embora possa estar, de um modo geral, em situação relativamente superior em termos de estratificação social, participa, *também*, da escala de valores que define morar em Copacabana como sendo um símbolo de prestígio. É necessário explicar os possíveis problemas que ocorram na área, como sendo produto e originados em um *locus* específico,

* Ver semelhanças com outro tipo de acusação em Douglas, Mary (org.), *Witchcraft, Confessions and Accusations*, Tavistock Publications, 1970.

com limites claros, no caso, prédios grandes com muitos apartamentos, em que há uma certa tendência de haver maior número de incidentes. É necessário cercar esses prédios com um "cordão sanitário" e classificar seus moradores como indesejáveis, procurando não permitir nenhum tipo de "confusão".

7. Acusação e desvio em uma minoria

Filipina Chinelli

I. Introdução

A escolha do tema para o nosso trabalho foi presidida pelo fato de tomarmos conhecimento e até certo ponto vivenciarmos uma situação de estigmatização com acusação de homossexualismo de que é alvo um imigrante italiano, nascido na Calábria. O objetivo a que nos propomos é analisar essa situação, tomando basicamente os dados obtidos entre uma amostra das pessoas que promovem a acusação. Pretendemos chegar, portanto, à representação que fazem do homossexualismo os italianos residentes em Niterói.

O fato de essas pessoas terem nascido na Itália acrescenta, acreditamos, uma dimensão especial ao nosso trabalho. Mas, como tratar teoricamente esse fato? Achamos que a concepção de grupo étnico de Barth como um "*organizational type*"* irá ao encontro de nossas preocupações. Este autor, preocupado com a constituição dos grupos étnicos e a natureza das fronteiras entre eles, superou a ênfase que as definições tradicionais davam aos traços particulares de cultura objetivamente observados e concentrou a sua no que é socialmente efetivo. Assim, para Barth "*ethnic groups are seen as a form of social organization*"**. Tendo por característica principal "*self ascription and ascription by others*" (Barth, 1969, p.13)***. Portanto, o que realmente determina a emergência

* "Tipo organizacional."
** "Grupos étnicos são vistos como uma forma de organização social."
*** "Autoatribuição e atribuição por outrem."

de um grupo étnico como um "*organizational type*" é "*The extent that actors use ethnic identities to categorize themselves and others for purposes ot interaction*" (idem, p.13-4)*. A autoidentificação como italianos e a identificação pelos outros ficará muito clara no decorrer do nosso trabalho.

Se a leitura de Barth responderá a algumas de nossas questões, o fato de que o grupo que estamos entrevistando tem um status de minoria étnica diante da sociedade nacional leva-nos a buscar em autores como Wirth, Wagley, Harris e Eisenstadt, preocupados com problemas de grupos minoritários e a absorção de imigrantes, outros instrumentos teóricos que, referidos durante o trabalho, nos ajudarão a visualizar melhor a natureza das relações que os italianos mantêm com o segmento da sociedade nacional representado por Niterói.

Para Wirth uma minoria é "*a group of people who, because of their physical or cultural characteristics are singled out from the others in the society in which they live for differential and inequal treatment, and who therefore regard themselves as object of collective discrimination. The existence of a minority in a society implies the existence of a corresponding dominant group enjoying higher social status and greater privileges. Minority status carries with it the exclusion from full participation in the life of the majority*" (Wirth, 1946, p.347)**. O grupo que estudamos tem uma consciência clara desta discriminação que se manifesta na limitação de acesso a de-

* "A extensão em que os atores usam identidades étnicas para categorizar a si próprios e aos outros com objetivos de interação."

** "Um grupo de pessoas que, em virtude das suas características físicas ou culturais, são afastadas de outras na sociedade em que vivem por um tratamento diferencial e desigual e que, portanto, se veem como objeto de discriminação coletiva. A existência de uma minoria numa sociedade implica a existência de um grupo dominante correspondente que desfruta status social mais alto e maiores privilégios. O status de minoria carrega consigo a exclusão de participação completa na vida da maioria."

terminados papéis sociais em face da desigualdade de direitos que tem em relação aos nacionais. Não possuindo direitos políticos e isto refletindo-se no nível econômico, são impedidos de ocupar, por exemplo, cargos públicos. É por isso que vimos a naturalização (como dissemos em outro trabalho) como uma forma de manipulação de identidade étnica com vistas a um acesso maior aos recursos postos ao alcance dessas pessoas pela sociedade nacional. Contudo, por estarem inseridos numa sociedade que vemos como poliétnica*, esta discriminação não é exclusivamente dirigida aos italianos, mas também a outros grupos étnicos. Portanto, se esta discriminação faz surgir a dicotomia nacional/estrangeiro e não nacional/italiano, os limites do grupo não são definidos somente de fora, havendo necessidade de que o próprio grupo também crie mecanismos para marcar suas fronteiras. Esse será um dos pontos essenciais da nossa análise.

Quanto ao arcabouço teórico que será utilizado para a explicação do problema específico que enunciamos no início desta Introdução, preferimos dele lançar mão à medida que se fizer oportuno no decorrer do trabalho. Queremos ainda frisar que a nossa análise ficará centrada no ponto de vista do grupo étnico, já que nos foi impossível avaliar o do acusado. Conseguimos com ele apenas um encontro que em termos de dados nos rendeu muito pouco, furtando-se terminantemente a comparecer a outros.

* Aqui lançamos mão de Furnival, citado por Barth no artigo ja referido: "*A polyethnic society integrated in the market place, under the control of a state system dominated by one of the groups, but leaving large areas of cultural diversity in the religious and domestic sectors of activity*" (Barth, 1968, p.16: "Uma sociedade poliétnica integrada no mercado sob o controle de um sistema de estado dominado por um dos grupos, mas deixando grandes áreas de diversidade cultural nos setores de atividade religiosa e doméstica").

II. Coleta de dados

Nossos dados foram colhidos entre pessoas moradoras em Niterói, à exceção de uma que reside em São Gonçalo. Todas nasceram na Calábria, Itália, sendo provenientes de duas cidades, Fuscaldo e Paola, ambas da Província de Cosenza. Realizamos 11 entrevistas e contamos com a maior boa vontade dos informantes que em momento algum se recusaram a ser questionados, mas que algumas vezes se mostraram envergonhados por tratar do assunto com uma pessoa do sexo feminino. As perguntas giravam basicamente em torno do seguinte:

- O que para você define um homossexual?
- O que você acha de um homossexual?
- Você tem contato com homossexuais? De que tipo?
- Você conhece algum homossexual italiano em Niterói?
- O que você acha dele?
- Como é o relacionamento que vocês mantêm? Ele vai à sua casa?
- Como seus pais veem esse relacionamento?
- Onde você morava, na Itália, existia alguma pessoa assim?
- O que os moradores do lugar achavam dessa pessoa?
- Se você tivesse um homossexual na família, como agiria?

Para melhor caracterização dos informantes, damos o quadro da página 152.

Quando selecionamos nossos informantes, procuramos atender às necessidades deste trabalho e de um outro que realizamos com italianos naturalizados brasileiros. É por isso que mais da metade dessas pessoas é naturalizada. Assim, achamos conveniente fazer constar do quadro variáveis como "tempo de permanência no Brasil", "estado civil", "nível educacional", "profissão", "naturalizado?", "há quanto tempo?", porque pretendemos testar se elas

NOME	SEXO	IDADE	LOCAL DE NASCIMENTO	LOCAL DE RESIDÊNCIA	PERMANÊNCIA NO BRASIL	ESTADO CIVIL	NÍVEL EDUCACIONAL	PROFISSÃO	NATURALIZADO?	HÁ QUANTO TEMPO?
B	F	26	Fuscaldo	Niterói	20 anos	solteiro	Normal	profª. prim.	sim	4 anos
A	M	22	Fuscaldo	Niterói	18 anos	solteiro	2º Méd.	estudante	sim	4 meses
L	M	21	Fuscaldo	S. Gonçalo	9 anos	solteiro	2º Econ.	jornaleiro	não	–
MI	M	28	Paola	Niterói	20 anos	solteiro	Ginásio	publicitário	sim	5 anos
F	F	22	Fuscaldo	Niterói	19 anos	solteiro	4º Bibl.	bancária	sim	3 meses
G	M	33	Fuscaldo	Niterói	18 anos	casado	Primário	jornaleiro	sim	1 ano
GI	M	26	Fuscaldo	Niterói	18 anos	solteiro	Pós-Grad. Engenharia	professor universitário	sim	7 meses
ER	M	19	Fuscaldo	Niterói	16 anos	solteiro	Científico	tec. eletrôn.	não	–
GU	M	43	Fuscaldo	Niterói	18 anos	casado	Primário	jornaleiro	não	–
C	M	–	Fuscaldo	Niterói	–	casado	analfabeto	jornaleiro	não	–
M	F	–	Fuscaldo	Niterói	–	casado	analfabeto	dona de casa	não	–

têm ou não influência na opinião de nossos entrevistados. Achamos, porém, útil comentar algumas dessas variáveis.

Todos os informantes têm mais de 18 anos. É que o indivíduo só está legalmente apto a naturalizar-se quando completa 21 anos. Porém, a plena capacidade do indivíduo pode ser antecipada pelo seu responsável através de uma "Certidão de Emancipação" após ter completado 18 anos.

Quando nos preocupamos com a composição da amostra, procuramos fazê-lo de modo bastante diversificado, notadamente quanto ao "nível educacional" e "atividade profissional", constatando-se uma correspondência dessas com a variável "idade". As pessoas mais velhas são as de nível educacional mais baixo. É que tendo saído da Itália normalmente após a adolescência, lá só completaram o curso primário, à exceção de "C", que é analfabeto. Estas também são as pessoas que apresentam como atividade profissional "jornaleiro", como aliás a maioria dos homens italianos nas mesmas condições residentes em Niterói. Desse grupo só podemos incluir "L", que atualmente frequenta o 2º ano do curso de Economia e trabalha como jornaleiro há alguns anos numa das "sociedades" existentes em Niterói. "L", porém, por diversas vezes nos manifestou o seu desejo de "deixar o trabalho", conforme nos disse, esperando apenas "uma boa oportunidade" para fazê-lo.

Gostaríamos de mencionar ainda que a totalidade dessas pessoas diz estar no Brasil porque não encontrava na Itália condições razoáveis de sobrevivência no período após a Segunda Guerra Mundial e escolheu o país porque na época, segundo eles, era o que apresentava melhores condições de vida. Mesmo os que aqui chegaram quando crianças apontaram os mesmos motivos de saída e escolha do Brasil pelos seus pais.

III. Análise do problema

1. Há algum tempo, não sabemos exatamente quanto, vem sendo formulada uma acusação de homossexualismo pelos italianos residentes em Niterói contra um membro do grupo. O alvo da acusação é um calabrês nascido em Cetraro, Província de Cosenza (como, aliás, todos os nossos informantes), com mais de 30 anos, casado com uma filha de italianos e radicado no Brasil desde 1958. Há mais de 10 anos trabalha como jornaleiro, inicialmente como sócio de uma das várias sociedades que existem em Niterói e atualmente independente desses grupos, sendo dono de 4 bancas de jornal. Segundo nos contou, saiu da sociedade em que trabalhava por estar descontente nela em razão dos privilégios que eram concedidos aos sócios mais velhos. Sua saída foi marcada por conflito manifesto, brigando com o capataz* porque este não queria indenizá-lo. Foi aí que pensou em estabelecer-se sozinho, tendo lutado muito na Prefeitura para consegui-lo. Conforme ele nos disse, foi-lhe de grande valia, nessa ocasião, o bom relacionamento que mantém com uma série de pessoas influentes: "Me meti em política. Conheço o 'S.D.'. Conheço também o Bispo de Niterói." Parece-nos que a situação econômica do acusado é bastante razoável já que ele aufere o lucro de 4 bancas, excluído o pagamento dos empregados e as eventuais despesas de manutenção. Isso pode ser atestado pelo fato de pretender expandir a sua rede de bancas e sabemos que para fazê-lo é necessário um capital que está longe de ser pequeno.

2. A primeira questão que se nos coloca é verificar se podemos tratar o problema como um caso de comportamento desviante e para isso tomaremos a perspectiva interacionista de Becker em

---

* "Capataz" é o termo utilizado pelos jornaleiros para designar o sócio encarregado basicamente da contabilidade. Esta pessoa não trabalha em banca e tem grande poder de decisão no grupo.

Los Extraños – La Sociologia de la Desviación. Segundo tal autor, os grupos sociais classificam diferentes comportamentos como desviantes. Para ele, cada grupo cria suas regras específicas e se, por uma questão de poder, elas são impostas a seus membros, então o desvio é uma criação da própria sociedade.

Baseados na nossa experiência dividida com o grupo – também nascemos na Itália e na mesma província de nosso informante –, podemos afirmar que os papéis de homem e mulher são rigidamente definidos. Um dos entrevistados, quando lhe perguntamos por que achava que os homossexuais não são felizes, nos disse:

> E – Mas por que você acha que eles não são felizes?
>
> GU – Eu penso assim: homem tem que ser homem. Agora, homem fazer papel de mulher não é conveniente.
>
> E – E o que é homem para você?
>
> GU – Muita coisa. Homem é muita coisa na vida. Ele é tudo. Tem que ter toda a responsabilidade, a sua opinião. Eu acho que esses caras têm uma opinião completamente diferente. Se tivessem uma opinião de homem, eles não seriam o que são.

Ou ainda o que ouvimos de um outro italiano numa conversa informal, quando, falando da mulher ideal para casamento criticava a brasileira:

> Brasileira quer ir à praia todo dia. Pelo menos uma vez por semana quer ir à manicure. Eu acho que a mulher não deve andar relaxada. Mas abandonar, deixar uma casa suja, conforme eu vejo. Deixar de tratar do marido e dos filhos para ir ao cabeleireiro, à praia, ao clube para dançar, não dá.

Transcrevemos as opiniões de pessoas de mais de 40 anos. Mas se tomarmos o que dizem a esse respeito os mais jovens, constataremos que em nada se afastam dos mais velhos. Entrevistando uma jovem radicada no Brasil há 20 anos, universitária, dela ouvimos:

> Um homem é um cara másculo, que não se afasta do tipo clássico de homem e uma mulher, bem... uma mulher tem que ser feminina.

Não resta dúvida que essa rígida definição de papéis faz emergir nitidamente um mundo masculino e outro feminino, enfatizando, de modo claro, o masculino. Não nos disseram que "homem é muita coisa na vida"? É que essas pessoas estão imbuídas de uma ideologia tipicamente machista, cujo polo positivo é sempre o masculino. Portanto, se um homem mantém relações homossexuais, não desempenhando a contento o seu papel de homem e o grupo reage acusando-o por isso, então estamos diante de um "desviante" ou "quienes han sido denominados desviados por algún sector de la sociedad", como quer Becker (Becker, 1971, p.24)*.

Mas narremos o que disse um outro informante:

> E – O que você acha das relações homossexuais entre mulheres?
>
> C – Mulher com mulher sempre existiu. Quando eu era pequeninho, eu vi uma mulher com outra mulher.
>
> E – Lá na Itália?
>
> C – Tinha uma mulher lá na minha terra que era masculina. Era masculina e feminina. Então, ela tinha uma garota e se divertia com a garota. Mas era uma mulher com outra mulher. Agora, isso eu acho normal. É mulher com mulher e as mulheres se entendem... Não sei, nunca fui médico, nunca estudei medicina, mas pelo menos são duas mulheres. Agora, um homem com barba na cara, eu acho uns desgraçados...

* "...aqueles que foram denominados desviantes por algum setor da sociedade."

Se não podemos generalizar como sendo opinião de todos os informantes – ouvimos a mulher que citamos discordar da posição do marido – porque nos faltam dados a respeito, acreditamos, porém, que ela tem lógica dentro da ideologia do grupo. O comportamento homossexual feminino não é acusado porque não atinge "o machão". Estamos, então, diante do que Becker chama "comportamento transgressor" ou "*el comportamiento de quien quebranta reglas... sin referencia a las reaciones de los otros*" (idem, p.24)*. Aliás, aí também se enquadra o indivíduo que mantém relações homossexuais por dinheiro. Isto pode ser atestado no que disse um entrevistado:

> Eu também já pratiquei o homossexualismo (ativo) e nem por isso deixei de ser homem (sexualmente), pois, quando o praticava, o fazia somente por dinheiro**.

Ou ainda outro informante que nos disse dar-se com um homem que mantém relações sexuais por dinheiro e que não o considera homossexual por isto. É que desempenhando na relação a função do homem, o indivíduo não se afasta do seu papel e, portanto, não é passível de acusação.

3. Na Introdução de nosso trabalho, dissemos que o fato de essas pessoas serem italianas acrescentava uma característica especial à nossa análise, já que estamos estudando uma modalidade de desvio numa situação de contato entre um grupo étnico e sociedade brasileira ou, como quer Barth, no sistema poliétnico. E um dos motivos que nos levou a fazer essa afirmação foi o fato de termos ouvido de todos os informantes mais ou menos o seguinte:

---

* "O comportamento daquele que rompe as regras... sem referência à reação dos outros."

** Nessa entrevista, o informante respondeu por escrito às questões que lhe formulávamos. Daí as palavras entre parênteses.

E – Quer dizer que em Fuscaldo, na época em que você lá vivia, não existia nenhum homossexual?

C – Eu não conheci, nunca vi na minha cidade. Era uma cidade de 15 mil habitantes e nunca ouvi falar nesse troço. Eu só ouvi falar disso quando cheguei aqui no Brasil; vim de cabelo comprido porque lá naquele tempo era a onda e quando desci do navio, meu irmão chegou e disse: "Que negócio é esse?" E eu disse: "Ué! É o cabelo." Então ele falou: "Olha, quem tem esse cabelo no Brasil é bicha." E eu perguntei: "E o que é bicha?" Então ele me respondeu que bicha era "veado".

E – E ele explicou o que era "veado"?

C – É, disse que era um sujeito que dormia com homem.

E – E foi a primeira vez que você ouviu falar nisso?

C – Foi a primeira vez em que ouvi falar nisso.

Ou ainda o que declarou outro de nossos entrevistados, quando lhe fizemos a mesma pergunta:

G – Na cidade em que morei não conheci esse tipo de gente. Enquanto vivi lá não conheci esse tipo de gente. Quando eu era mais novo as pessoas falavam. Mas não aprenderam ali. Eram pessoas mais velhas e devem ter aprendido aquilo em cidades maiores. Viam, aprendiam e então avisavam.

É evidente que relações homossexuais existiam nas cidades de onde provieram essas pessoas e tanto isso é verdade que alguns entrevistados admitiram "comentários" a respeito. Contudo, esses comentários eram reservados apenas aos homens:

E – Você viveu quantos anos em Fuscaldo?

M – Vinte e quatro anos.

E – Você conheceu algumas dessas pessoas que a gente chama de "bichas"?

M – Lá não existia ninguém disso.

E – Tem certeza?

M – Naquela época ninguém estava. Agora não sei. Nesta época de agora, talvez, o século XX tenha feito também lá a bicha de agora.

E – E as moças não comentavam nada a respeito?

M – Esse negócio de bicha eu soube aqui. Depois que eu me casei é que soube que se o homem andava assim é mulher e não sei o quê, porque quando eu era solteira nem sabia desse negócio.

É que esses comentários não penetravam no mundo feminino, o que é perfeitamente explicável se novamente lembrarmos a ideologia machista do grupo. Só os homens tinham o direito de comentar sobre algo que pertencia ao seu mundo.

Mas só existiam comentários. Ninguém afirmou conhecer um homossexual. Não existiam acusações. Em termos sexuais, portanto, não havia comportamentos desviantes. Existiam, sim, comportamentos transgressores que eram absorvidos por outra categoria, a categoria "louco". Assim, quando ouvimos numa conversa que em Fuscaldo um homem tinha relações com outro homem, alguém apressou-se em dizer que ele era "completamente louco", o que foi confirmado por todas as pessoas presentes.

A categoria homossexual, parece-nos que não existia nas cidades dessas pessoas na época em que lá viveram. E elas explicam o fato dizendo que eram lugares pequenos, nos quais os habitantes se dedicavam exclusivamente ao trabalho, não sobrando tempo para perceberem essas coisas:

E – Por que você acha que em Fuscaldo você nunca ouviu falar em homossexuais?

M – Porque era uma cidade muito pequena e todo o mundo só vivia trabalhando. Não sobrava tempo pra nada. O tempo que sobrava

> para divertimento era muito pouco e a gente só tinha divertimento sadio: jogo de bola...

E ainda o que disse outra informante, radicada há 20 anos no Brasil:

> B – Lá o pessoal vivia preocupado com o trabalho. Então pra eles tudo é trabalho. Então pra eles não existia essa preocupação externa, de fatores diferentes.
>
> E – Quer dizer que você acha que o homossexualismo era externo?
>
> B – É, porque lá, pelo fato de eles trabalharem tanto, não viam nada...

A categoria homossexual, então, só passou a fazer parte do discurso desses italianos aqui no Brasil e é por eles vista como algo que não lhes pertence, como algo que veio de fora. Essa visualização do homossexualismo nos remete ao etnocentrismo encarado por Wagley e Harris como uma característica estrutural das relações entre minoria e maioria: "*Minorities and majorities as groups which are invariably associated with some measure of racial or cultural diference may just as invariably be expected to harbor some degree of ethnocentric bias. We do not mean to imply that man instinctively dislikes or fears those who are physically different from him, but merely that groups which present cultural or physical contracts tend, as a matter of observation, to be ethnocentric*" (Wagley and Harris, 1959, p.10)*. Sem dúvida, ver os valores que

* "Pode-se esperar que grupos minoritários e majoritários que são invariavelmente associados com alguma medida de diferença racial abriguem algum grau de *bias* etnocêntrico. Não queremos dizer com isso que o homem instintivamente não goste ou tenha medo daqueles que são física ou culturalmente diferentes dele, mas simplesmente que grupos que apresentam contrastes culturais tendem, como pode ser observado, a ser etnocêntricos."

trouxeram da Itália como sendo "bons" e o que é "ruim" como proveniente do contato se constitui num julgamento etnocêntrico da sociedade brasileira. Aliás, comportamentos como o uso de biquíni, o fato de moças saírem sozinhas com o namorado ou chegarem tarde em casa, são vistos do mesmo modo pelos mais velhos. Mas se não se manifestam acusações contra pessoas que mantêm esse tipo de comportamento, não podemos considerá-lo como desviante. E, então, perguntamos: por que a necessidade de acusar o comportamento homossexual no Brasil? Antes de respondermos, preferimos avançar um pouco mais na nossa análise.

4. Ao enunciarmos nosso problema, a ele nos referimos como uma situação de estigmatização. A perspectiva de análise adotada será a de Erving Goffman em *La presentación de la vida cotidiana* e principalmente em *Estigma*. Para construir seu conceito de estigma, Goffman parte do conceito de identidade social, ou seja, a previsão que fazemos acerca da categoria social a que pertence um indivíduo e quais são seus atributos. Aqui ele faz uma distinção entre "identidade social real", ou seja, o caráter que atribuímos a um indivíduo quando nos indagamos sobre ele e "identidade social virtual", ou "*la categoría y los atributos que, de hecho, según puede demonstrarse, le pertenecen...*" (Goffman, 1970, p.12)*. Assim, quando em presença de "outros", se o indivíduo apresenta um atributo que o desacredita, estamos diante de uma discrepância entre a identidade social real e a virtual e, portanto, diante de um estigma. Vejamos, então, quais os atributos que o grupo étnico toma para promover a acusação contra o indivíduo que apresentamos no primeiro item dessa segunda parte. Quando perguntamos por que achavam que esse italiano é "bicha", ouvimos:

* "A categoria e os atributos que, de fato, segundo pode demonstrar-se, lhe pertencem..."

E – Mas por que você acha que as pessoas o tacham de homossexual?

ER – Pelo jeito da pessoa se portar, pelo comportamento dela.

E – Mas que comportamento é esse?

ER – Um comportamento igual ao comportamento da mulher. Por exemplo, seu jeito de falar, de andar, de se tratar.

E – Em Niterói você conhece algum homossexual italiano?

ER – Aqui em Niterói, entre os italianos, eu só conheço um homossexual.

E – E por que você diz que ele é homossexual?

ER – Eu acho que ele é homossexual porque, de uns tempos para cá, tem modificado muito suas atitudes e tem muitos gestos efeminados.

Ou ainda o que nos disse o informante de nível educacional mais elevado:

E – Quando você diz que um indivíduo é homossexual?

GI – Quando o indivíduo tem um comportamento análogo ou semelhante a uma bicha que já é pública e notória. Então, a gente estabelece um critério comparativo.

E – Você conhece algum homossexual italiano em Niterói?

GI – Conheço um que é jornaleiro.

E – E por que você acha que ele é homossexual?

GI – Acho que ele tem o aspecto de bicha. Mas nunca tive relações com ele. Eu digo relações humanas, ouviu? Eu nunca transei com ele ou com outro qualquer.

Assim, a identidade social virtual do analisado é constituída a partir de evidências derivadas de uma "observação direta" (todos os que o acusaram têm contato mais ou menos regular com o indivíduo) se usarmos a linguagem de Kitsuse. Segundo ele, essa observação direta compreende "*most frequently the behaviors cited were those 'which everyone knows'*" e "*... an individual is parti-*

cularly suspect when he is observed to behave in a manner which deviates from the behaviors held-in-common among number of the group to which he belongs" (Kitsuse, p.93-4)*. Esses comportamentos "*which everyone knows*" compreendem "gestos efeminados" ou "comportamento que é análogo ou semelhante a uma bicha que já é pública e notória", como reconheceram nossos entrevistados. Por outro lado, a pessoa que acusam não corresponde à imagem que fazem do jornaleiro típico ou seja "um italiano bruto e vestido de maneira simples", apresentando-se invariavelmente muito bem-vestido e limpo. Existe, portanto, uma incongruência com o estereótipo do grupo acerca de como deve ser um italiano e aqui lembramos Goffman quando diz que um estigma "*es pues, realmente, una clase especial de relación entre atributo y estereótipo*" (Goffman, 1970, p.14)**.

As evidências que permitem fazer emergir esta incongruência são as que fornecem a informação social sobre os indivíduos, a qual é transmitida através de signos. E se estes são de fácil acesso aos outros e regularmente buscados e recebidos, temos evidências tomadas pelo grupo para promover a acusação como "símbolos de estigma", "*es decir, aquellos signos especialmente efectivos para llamar la atención sobre una degradante incongruencia de la identidad, y capaces de quebrar lo que de otro modo seria una imagen totalmente coherente disminuyendo de tal suerte nuestra valorización del individuo*" (Goffman, 1970, p.52)***. E retomando

---

* "Muito frequentemente os comportamentos citados eram aqueles 'que todo o mundo conhece'" e "... um indivíduo que é particularmente suspeito quando se observa que ele se comporta de uma forma que se desvia de comportamentos habituais entre os membros do grupo a que pertence."

** "É, pois, realmente, uma classe especial de relação entre atributo e estereótipo."

*** "Isto é, aqueles signos especialmente efetivos para chamar a atenção sobre uma degradante incongruência da identidade e capacidade de quebrar o que de outro modo seria uma imagem totalmente coerente, diminuindo dessa maneira nossa valorização do indivíduo."

o caráter de exterioridade de que se reveste o homossexualismo para o grupo esses símbolos também são vistos como não lhe pertencendo. Assim, "gestos efeminados e roupas esquisitas" não são características do comportamento "deles", mas sim dos "outros".

5. O acusado é portador de um estigma que prejudica a sua identidade social, desacreditando-o perante os demais italianos que fazem parte do grupo. Existe, portanto, uma situação de discriminação baseada em uma "*teoria del estigma, una ideologia para explicar su inferioridad y dar cuenta del peligro que representa esa persona...*" (Goffman, 1970, p.15)*. Quando indagamos aos entrevistados que o acusaram que tipo de relação com ele mantinham, ouvimos:

> E – Sabendo que essa pessoa é homossexual, você procuraria ter contato maior com ela?
>
> G – De jeito nenhum. Eu evito porque como homem não gosto. Aliás, tenho pena dessas pessoas. Sendo homem, me perturba ver um homem assim.

E essa posição não se modifica muito se tomarmos um informante de nível educacional mais elevado, apesar de procurar racionalizar a situação:

> E – Você teria essa pessoa como amigo?
>
> MI – Essa questão de amigo é muito relativa. Amigo é uma coisa muito difícil. Então, não posso dizer que ele é meu amigo. Ele é um conhecido, uma pessoa com quem me dou, mas não posso dizer que é amigo.

---

* "Teoria do estigma, uma ideologia para explicar sua inferioridade e dar conta do perigo que representa essa pessoa..."

Ou ainda:

> E – Você procuraria estreitar suas relações com esse italiano que você acha que é homossexual?
>
> G – Eu respeito o indivíduo, mas não sei até que ponto vou criar vínculos com um individuo dessa espécie...

E mesmo aqueles que nos afirmaram que não veem nenhum problema em ter um amigo homossexual (e estes foram alguns dos mais jovens), acreditam, porém, que seria difícil que ele frequentasse suas casas por causa dos pais:

> E – Você teria um amigo homossexual?
>
> ER – Olha, eu teria, para ver se eliminava o problema dele.
>
> E – Você levaria essa pessoa a sua casa?
>
> ER – Olha, é difícil de dizer por causa dos meus pais. Aí entraria a moral perante meus pais.

As únicas exceções foram dois informantes, um homem e uma mulher, jovens, também de bom nível educacional, que afirmaram ter amigos homossexuais e que não veem nenhum problema em levá-los a sua casa.

Assim, o grupo utiliza, para referir-se ao estigma do acusado, termos e metáforas tais como: "infeliz", "não é um cara completo", "não é um homem perfeito", "coitado", "sem vergonha". Um entrevistado disse mesmo que ele não era gente, lembrando Goffman quando diz que uma pessoa que tenha um estigma não é totalmente humana (Goffman, 1970, p.15).

É que o estigma opõe o estigmatizado aos normais. E se, segundo Goffman, a tendência do estigma é difundir-se do estigmatizado até os que lhes são mais próximos, as relações tendem a não existir ou, quando existem, a não perdurar. Daí, então, a estigmatização. Mas quando ouvimos um membro do grupo dizer

> Não tenho nenhum amigo bicha. Um amigo é um amigo. Não vou sair na rua com uma bicha do mesmo modo que saio com um amigo. Se eu sair com uma bicha, as pessoas vão comentar, principalmente os italianos, porque eu tenho mais contato com eles. Poderiam achar que eu estou relaxando.

nós também vemos aí nítida a ideia de poluição de Mary Douglas: "*In short, our pollution is the reaction which condemns any object or idea likely to confuse or contradict cherished classifications*" (1970, p.48)*. O indivíduo é estigmatizado e discriminado porque está poluindo o grupo, porque está confundindo a rígida distinção dos papéis masculinos e femininos. Assim, afastá-lo significa um esforço do grupo para reorganizar-se ou "*Eliminating it is not a negative movement, but a positive effort to organize the environment*" (1970, p.12)**.

Vejamos agora qual é a atitude do acusado em "contactos mixtos"***. Tivemos, como já dissemos, poucos encontros com ele. Mas tivemos oportunidade de observá-lo por diversas vezes em situações de interação. Dessas situações, raríssimas vezes participavam italianos. É que ele, conforme nos disse, não gosta de

* "Em resumo, nosso comportamento de poluição é a reação que condena, qualquer objeto ou ideia capaz de confundir ou contradizer classificações estimadas."

** "Eliminá-lo não é um movimento negativo, mas um esforço positivo de organizar o meio ambiente."

*** "*Contactos mixtos, o sea en los momentos en que estigmatizados y normales se hallan en una misma 'situación social', vale decir, cuando existe una presencia física inmediata de ambos, ya sea en el transcurso de una conversación o en la simple copresencia de una reunión informal*" (Goffman, 1963, p.23: "Contatos mistos, ou seja, nos momentos em que estigmatizados e normais se acham numa mesma 'situação social', isto é, quando existe uma presença física imediata de ambos, seja no transcurso de uma conversação ou na simples presença em comum numa reunião informal").

"andar com gente grossa, e italiano, principalmente jornaleiro, é grosso". Numa das vezes em que nos encontramos (aliás, o nosso único encontro formal) conversava-se sobre uma festa que uma das editoras daria aos jornaleiros. Ele nos disse que compareceria, mas, quando lhe perguntamos se levaria a sua esposa, disse-nos: "Eu não vou levar minha mulher para esses lugares, onde só tem gentinha. Eu levo ela, sim, mas para uma boate, um restaurante bacana, onde tem gente fina." O entrevistado, então, procura evitar ao máximo contatos mistos nos quais o outro componente da interação seja italiano. É que, sendo os italianos seus acusadores, a interação seria para ele, conforme Goffman, marcada pela ansiedade, respondendo a ela com uma atitude de retraimento defensivo. Assim, diante da necessidade que tem de organizar sua vida de maneira a evitar contatos constantes com seus acusadores, a única maneira que encontra para continuar pertencendo ao seu grupo é a afirmação categórica de sua etnia, negando-se terminantemente a se naturalizar.

Por outro lado, o fato de referir-se aos demais italianos como "gentinha" parece evidenciar a consciência que o acusado tem de ser mais bem-sucedido que os outros. Aliás, o fato de suas roupas serem tomadas como símbolos de estigma também demonstra que o grupo percebe ser o sucesso financeiro do acusado algo inusitado entre os jornaleiros. A título de hipótese, podemos concluir que as acusações têm lugar porque o acusado rompeu com os mecanismos de ascensão social que normalmente atuam entre os jornaleiros. Ainda não podemos esclarecer mais a respeito desses mecanismos por estar nossa pesquisa com o grupo na sua fase inicial.

Achamos, ainda, conveniente narrar um fato que ocorreu quando do nosso único encontro formal com o acusado. Além de nós dois, um terceiro elemento, também italiano, participava do encontro. Esse elemento tinha funcionado como intermediário para nos permitir o acesso ao acusado e tinha feito questão de participar do encontro. Num dado momento da conversa, foi formulada explicitamente por essa terceira pessoa a acusação de homossexualismo. O acusado negou categoricamente que em qualquer momento de sua vida houvesse mantido relações homossexuais, dizendo que "acha errado" e narrou um número bastante razoável de casos que tivera com mulheres antes de casar-se.

Acreditamos poder levantar algumas hipóteses acerca do acontecido. A primeira remete ao fato de que o entrevistador era do sexo feminino e tais assuntos não costumam ser tratados por mulheres nem diante de mulheres. Por outro lado, o acusado encontrava-se diante de membros do grupo, portanto de seus acusadores. Isto nos remete novamente a Goffman quando fala em manejo do estigma, ou seja, a manipulação pelo indivíduo de sua identidade social. Assim como o acusado não permite que sua mulher com ele participe de eventuais contatos com italianos, nos quais seu estigma poderia ser referido, ocultando-o a ela, assim também rechaçou a acusação porque estava diante de membros do grupo, fazendo questão de apresentar-se correspondendo à imagem estereotipada que o grupo faz dos homens italianos: bom marido (leva a mulher para divertir-se em bons lugares) e "machão" (inúmeras aventuras com mulheres antes do casamento). É o "*encubrimiento*" de que nos fala Goffman.

IV. Conclusão

O fato de estudarmos uma acusação de homossexualismo numa situação de contato entre italianos e sociedade brasileira não só deu uma dimensão especial ao nosso trabalho, como se constituiu na hipótese central de nossa análise. Estando inseridos num sistema poliétnico dominado pelos "brasileiros" cujo polo oposto são os "estrangeiros", o grupo tem necessidade de criar determinados mecanismos que constantemente redefinam suas fronteiras aqui entendidas como "*a symbolic set of parentheses around a certain segment of that range and limits its own activities within that narrower zone*" (Erikson, p.10)*. E se esta necessidade não se manifestava no *setting* de origem dessas pessoas é porque são provenientes de duas pequenas cidades do Sul da Itália que absolutamente não podem ser classificadas como poliétnicas. Assim, a acusação de homossexualismo contra um de seus membros simplesmente está funcionando como um mecanismo que reafirma que os italianos se constituem num grupo étnico (em Niterói, especificamente). Aqui gostaríamos de lembrar Mary Douglas quando apontando os padrões de crença em feitiçaria, dá funções para a acusação. O problema que estudamos corresponde, a nosso ver, a "*The witch as a dangerous deviant*"**, funcionando a acusação, no caso, "*to control deviants in the name of community values*" (Mary Douglas, 1970, p.XXVII)***. E não nos restam dúvidas de que o grupo tem consciência dessa periculosidade porque ouvimos de nossos informantes: "Acho um absurdo, uma desmoralização pra colônia principalmente", ou ainda: "Acho que é uma má representação dos italianos". E se o machismo é um valor do grupo, acusar e estigmatizar um membro como homossexual porque perturba a clara distinção entre homem e mulher significa manter "limpa" a colônia diante dos "outros", dos "brasileiros", reafirmando-se, portanto, seus valores, sua ideologia.

Gostaríamos, ainda, de atentar para o fato de que só um membro do grupo é alvo da acusação de homossexualismo. Novamente recorremos a Erikson quando diz que "*it is a simple logistic fact*

---

* "Um conjunto simbólico de parênteses em torno de certo segmento daquela área e limita suas próprias atividades ao interior daquela zona mais estrita."
** "O feiticeiro como um desviante perigoso."
*** "Para controlar desviantes em nome dos valores da comunidade."

that the number of deviancies which come to a community's attention are limited by the kinds of equipment it uses to detect and handle them, and to that extent the rate of deviation found in a community is at least in part a function of the size and complexity of its social control apparatus (Erikson, p.24)*. No nosso caso, não queremos atentar para os presídios e hospitais a que alude o autor, mas sim para o severo controle social que o grupo exerce sobre seus membros, impedindo ao máximo que se afastem de suas regras. E isto, mais uma vez, se resolve ao nível da ideologia.

Finalmente, queremos voltar aos nossos dados. Se procuramos construir uma amostragem em que variáveis fossem diversificadas é porque pretendíamos ver até que ponto isso informaria nossas conclusões. Depois de termos concluído nossa análise, podemos afirmar que elas nos foram pouco úteis, já que a representação que faz do homossexualismo um jornaleiro italiano é basicamente a mesma daquele que frequenta a Universidade. E se estes, numa colocação genérica do homossexualismo, se mostram mais informados e racionalizam mais o problema, quando trazido para o âmbito do grupo, as racionalizações desaparecem e a condição de membro do grupo fala mais alto. E tanto é assim que o nosso informante de nível educacional mais elevado declarou achar pior um homossexual italiano que um brasileiro porque "ele representa meu grupo". E ainda: "Acho que quando a gente manda representação, sempre deve mandar a nata. Não tenho nada contra eles, mas acho que o Serviço de Imigração Italiano deveria impedir a saída deles." Aliás, também os naturalizados (o informante que acabamos de citar o é) manifestaram praticamente a mesma po-

* "É um fato logístico simples que o número de desvios que chamam a atenção da comunidade são limitados pelos tipos de equipamentos que ela usa para detectá-los e manuseá-los e, neste nível, a taxa de desvio encontrada numa comunidade é, pelo menos em parte, função do tamanho e complexidade do seu aparato de controle social."

sição acerca do problema, uma vez que, mesmo tendo optado pela cidadania brasileira, continuam a identificar-se como italianos, como membros do grupo.

REFERÊNCIAS BIBLIOGRÁFICAS

BARTH, Fredrik (org.). *Ethnics Groups and Boundatries: The Social Organization of Culture Difference*. Boston, Little Brown & Co., 1969.

BECKER, Howard. *Los extraños: Sociología de la desviación*. Tiempo Contemporaneo, 1971.

DOUGLAS, Mary. *Purity and Danger: An Analysis of Concepts of Pollution and Taboo*. Londres, Pelikan Books, 1970.

_______. "Introduction: Thirty Years after Witchcraft, Oracles and Magic", in *Witchcraft, Confessions and Accusations*. A.S.A., Monographs, G. Ed., Michel Banton, nº 9, 1970.

EISENSTADT, S.N. *The Absorption of Immigrants*. Londres, Routledge & Kegan Paul Ltd., 1954.

ERIKSON, Kai T. *Wayward Puritans: A study in the society of deviance*, capítulo I, 1966.

GOFFMAN, Irving. *La presentación de la persona en la vida cotidiana*. Buenos Aires, Amorrortu, 1971.

_______. *Estigma*. Buenos Aires, Amorrortu, 1970.

KITSUSE; John I. "Societal Reaction to Deviant Behavior: Problems of Theory and Method", in Howard S. Becker (org.), *Perspectives of Deviance: The Other Side*. Nova York, The Free Press. Londres, Collier-Macmillan Limited, 1964.

REIS, Albert Y. "The Social Integration of Queers and Peers", in Howard S. Becker (org.), *The Other Side*, The Free Press of Glencoe, 1964.

WAGLEY, C. & HARRIS, Marvin. *Minorities in the New World: Six Cases Studios*. Nova York, Columbia University Press, 1959.

WIRTH, Louis. "The Problem of Minority Groups", in Ralph Linton (org.), *The Science of Man in the World Crises*. Nova York, Columbia University Press, 1946.